大阪怪談
人斬り

田辺青蛙

JN047489

竹書房
怪談
文庫

目次

大阪市内

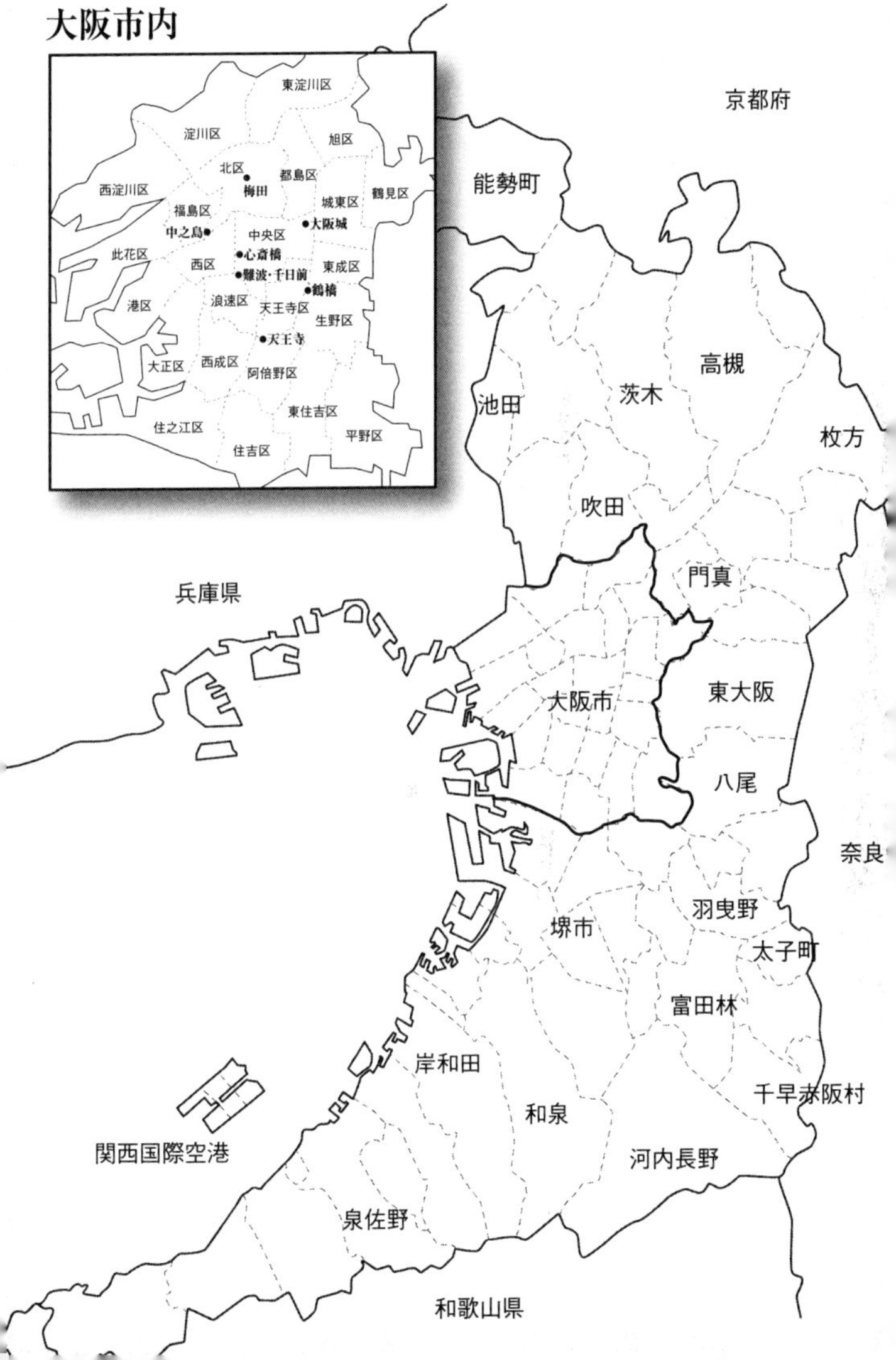
東淀川区
淀川区
旭区
北区
梅田
都島区
西淀川区
城東区
鶴見区
福島区
中之島
大阪城
中央区
此花区
心斎橋
西区
東成区
難波・千日前
鶴橋
港区
浪速区
天王寺区
生野区
天王寺
大正区
西成区
阿倍野区
東住吉区
住之江区
平野区
住吉区
京都府
能勢町
高槻
茨木
池田
枚方
吹田
兵庫県
門真
東大阪
大阪市
八尾
奈良
羽曳野
堺市
太子町
富田林
岸和田
千早赤阪村
和泉
関西国際空港
河内長野
泉佐野
和歌山県

地図から消えた島の話（大阪市福島区）

今、終わりの見えないコロナ禍の真っただ中にいる。

私の住んでいる場所は大阪で、国内でも特に感染者数が多い。

人と直接会うことができない状況下で、ＺｏｏｍやＳｋｙｐｅを使った取材も慣れてきた。

昼下がりに、氷が溶けきって薄くなったカルピスを飲みながら、大阪の城東《じょうとう》区に住んでいる、高校の先生だったという山咲さんから、怪談の取材中にこんなことを訊かれた。

「地図から消えた島が、大阪の福島にあったたって知ってます？」

「いや、知らないですね。初めて聞きました」

福島は大阪の中心部である梅田駅から一駅の場所で、テレビ局や大きな病院や高層マンションが立地している。歴史に詳しい人なら、福島と聞くと織田信長《おだのぶなが》と三好《みよし》三人衆の戦いを連想する人がいるかも知れない。

大阪の街中に島があって、地図から消えたなんてことがあれば、話題になるだろう。

しかし太平洋戦争の時に兵器が作られていたなどという理由があれば、機密保持のために消された、なんてことがあったかも知れない。

例えば瀬戸内海に浮かぶ大久野島《おおくのじま》は、かつて第二次世界大戦で使用するための毒ガスの製造を行っていたので、国家機密に関わることを理由に、地図から存在を消されていた。

「戦争に関わる島ですか？」

「いや、そういうのじゃないんだ。昔、親父が福島に住んでましてね、あの辺りに関する古い地図やら伝承やらを集めて調べていたんです。

そうしたら当時、中洲《なかす》にあった鼠島《ねずみじま》と呼ばれた島の記録と、そこに纏《まつ》わる奇妙な噂やら伝承やらが集まりましてね。

明治の頃に、大阪で伝染病が大流行していました。だから感染拡大防止のために大阪府予防法に基づいて、福島の鼠島に避病院《ひびょういん》を建てたんです。

避病院ってのはね、当時の感染症専門の隔離病棟なんです。

鼠島も島と言っても、小さな中洲の砂地みたいなもんだから、最初は名前がついてなくって。

でも、鼠が伝染病を広げると言われてたから、入院患者を檻に入った鼠に見立てて鼠島と呼ばれだしたとか、大阪府が買い取った鼠をそこで始末してたからそんな呼び名がついたって説があるそうです」

「へえ、そんな施設があったんですね」

「親父の資料の中に、こんな記録もあったんですよ。東京から来た人がペストに感染してね、鼠島の避病院に隔離されたけど夜に脱走して、『あんたどこから来なさった』と聞かれた時に、江戸弁だったのか『しびょういん』にいたなんて答えたもんだから、あれはやっぱり死の病院だ、入ったら死体にならないと出てこられないなんて噂になってしまったという、落語みたいな話もあったそうです。

そんな避病院の中で、当時夜に看護師が見回りをしていると、患者さんのベッドの周りをぐるぐると廻る足音が聞こえたことがあって、そんな患者さんは先が長くなかったとか。

他に、黒い大きな何かが病室の隅でもぞもぞしているなと思って看護師が灯りを翳《かざ》すと、体は鼠で顔だけが人間の生き物がシーツを被っていたとかね。

他にも、黒く焼けた遺体を生首が齧《かじ》ってたのを見たという話を聞いたって、これは親父の日記に書かれてました。

人面鼠の話は他にも幾つかあって、便所の壁に、掌《てのひら》に載るほどの大きさの鼠女がいて鼻を鳴らしていただの、消毒剤の桶から顔を出して、ニタニタ笑っていて気味が悪かったもんだから、水をかけて追い払おうとして、消毒剤を駄目にしてしまったとか。

当時は病の原因がはっきりと分からないし、伝染病の致死率も罹《かか》ってしまうと八割以上なんて記録もありますから、そんな中で外と隔離された空間で今みたいにスマホで簡単に誰とでも連絡が取れるような世の中じゃなかったでしょ。

不安な世相の最中に、患者が見た幻だったのかも知れませんけどね。

でも、町が移り変わる最中で、どういう事情があったのかは知らないけれど、島ごと病院も消えてしまい、一部の好事家の記録にのみ、その当時の有様やら噂が残されているだけとなってしまいました。

地図に残らなかったのは、小さな中洲だったからなのか、空襲で焼けてしまったからなのか理由は分かりません。

記録せよ、そして記憶せよって言葉があるでしょ。井上ひさしだったかな？　だからね、こういう私から聞いた話も、ちゃんと残しといて誰かに伝えておいて下さい」

山咲さんとのやりとりの後、個人的に鼠島のことを調べてみた。

新型コロナウィルス感染症拡大による、緊急事態宣言中ということもあって、図書館が開いていなかったので、インターネットでのリサーチとなってしまったが、確かに鼠島と呼ばれた場所に避病院があったことが分かった。

そこでツイッターで「鼠島の避病院について何か知っている人はいませんか？」と呼びかけてみた。

すると、こんな話が私に寄せられた。


「それって鼠島消毒隔離所のことですよね？　現在の海遊館近くにあったと何かの記録で見たことあります。だからかは分からないけれど、そこにネズミ婆っていう化け物が出るって話を聞いたことがあるんです。

真っ白に塗られた顔で頭には花輪が被せてあって、泣き声が「そっぱそっぱ」っていう婆さんで、鼠の死体を持ち歩いてて、酷《ひど》い悪臭らしいんですよ。

小学校の時に遠足で近くに寄った時に、学校の先生が急になんの関係もなしに突然、ネズミ婆の話をしだしたことがあって、それで知ってるんです。

子供の体で顔だけが老婆のネズミ婆さんというのもいて、左手だけがあり得ないほどに痩せてて長くて、そっちの手で頭を撫《な》でられると、病気になるって話も聞いた記憶があります。

今思ったら、なんだったんでしょうね。別に怖い話が好きな先生とかじゃなくって、割と昭和タイプで強面《こわもて》で、冗談すら言わず、礼儀とかにも煩《うるさ》い人だったんです。なのに、遠足の時に急にネズミ婆さんの話を唐突に語りだしたもんだから、このエピソードと鼠島の響きだけはよく覚えてるんですよ。ここはなあ、昔、鼠島っていって、消毒隔離所があったんだなあ、だからネズミ婆さんが出たって話があってなあ……ってそんな感じで語りだされて。

あれ、なんだったんでしょうね。あ、今思い出したけど、その先生が給食中にこんな話してたこともあるんです。今日の肉は大鼠みたいな味だな、だから美味いって。なんであんな食欲なくすようなことを言ったんだろ」

他に何か知りませんかと聞いたけれど、それ以上の話は何も出てこなかった。

私も個人的に、この謎と噂に満ちた、消えた鼠島とそこにあった避病院について、引き続き調べてみようと思っている。

銀の翼（大阪市浪速区）

「もう七十年ほど続けて、この商売を二代にわたってやってきたんだけど、コロナで時短営業の上に、今は緊急事態宣言やから、居酒屋で酒飲むななんて言われたら、どうしようもできんやろ。悔しくて仕方ないけれど、閉じることにしました」

褐色に焼けた肌に深い皺《しわ》が刻み込まれた顔を悔しそうに歪《ゆが》め、絞り出すように声を出していた新世界のジャンジャン横丁の近くで居酒屋を営んでいた田中さんは、小さい頃からずっとこの辺りに住んでいるという。

「ジャンジャン横丁の由来はな、客寄せにジャンジャン三味線をかき鳴らしとったことからジャンジャン横町と呼ばれるようになって、そっからいつのまにか横丁に変わったんや。串カツで有名な『八重勝《やえかつ》』も昔は三味線の姐さんがおってんで。『づぼらや』のフグの提灯がなくなったんは寂しいなあ。あれと通天閣《つうてんかく》がセットで新世界って感じやったやろ。でな、小さい頃の思い出やねんけれど動物園の近くに『銀の翼』って模型屋があってん。そこの店主が眼帯しとってね、片岡千恵蔵《かたおかちえぞう》が演じた多羅尾伴内《たらおばんない》が変装した、片目の運転手みたいやなあとか言うてましたわ。

一時期ね、私が子供の頃ちょっと腸を患《わずら》いまして、学校休んで家に長いことおったことがありました。布団の上で退屈やなあと思ってたら、親がおらん時にガラガラと戸が開いて片目の模型屋のおっちゃんが入って来たんです。昔やからね、鍵とか掛けてへんかった。模型屋の親父とは特に親しいわけでもなし、寝巻姿のまま玄関に行って、なんか御用ですかと聞いたら『坊ちゃんにこれっ』て、銀色の翼の飛行機模型をくれたんです。わあっと喜んだら、模型屋の親父がね、それホンマに乗れますよって言うたんです。

そして気が付いたら飛行機模型の運転席に寝巻姿で座っとってね、ふわあっと飛び出て玄関から外に出たんです。ぐんぐんと上がって下にある家やら店やらが小さくなってってね、鴉《からす》ががあがあ鳴いて煩かった。

操縦桿《そうじゅうかん》を傾《かたむ》けて通天閣の上をぐるっと回ってね、急降下試す途中に鴉の一羽にぶつかってしまったんです。そして、うわああ落ちてしまう！　って思ったら玄関に立っとって、開きっぱなしの戸の外で片方の翼が傷ついた鴉が、こっち見とった。

病気が良くなってから模型屋の親父に、あの時のことを訊こうかなと何べんも思ってんけど、店の中にいる姿がちょっとおっかなく見えたし、夢やろと否定されるのも嫌でね。結局訊かず仕舞。やがてその店も無くなってしまいました。

今でも目を瞑《つむ》ったらあの銀翼の飛行機に乗って、鴉の傍を掠《かす》めて飛んで、上から通天閣やらを見た日のことはハッキリと思い出せます」

田中さんはそう言って目を閉じた。

寿命（大阪市西成《にしなり》区）

恥ずかしいので個人情報に関することは載せないで欲しい、とお願いされたXさんからオンライン怪談会で聞いた話。

天下茶屋《てんがちゃや》の方に子供の頃に住んでまして、あの頃は道の向こう側には行ったらアカンでと言われて、よく分からんかったけど、今思えばそっちは飛田新地《とびたしんち》だったんですな。

夕方になると、これから客を取りに行くのか、男娼っぽい人らがうろうろとしてたんを朧気《おぼろげ》に覚えてます。

天下茶屋の地名の由来は、豊臣秀吉《とよとみひでよし》がこの辺りで茶を楽しんだことからだとか。

七歳までは神の内と昔から言うでしょう。それまでは魂がこの世に定着していないと言われてまして、七歳を超えるまでは子供が亡くなっても仕方ない、という人が結構おったんです。

昭和の初期のことで、今のように医療が発達してませんし、お金もない人も多かったから簡単にお医者さんにも診て貰えなかった。

今よりもっと、子供の死というのが身近にあった時代ですから、仕方なかったんでしょうな。私、小さい頃に大病を患いまして、一度死にかけたことがあるんです。病名は分かりません。お医者さんに連れて行って貰えなかったんで。

天下茶屋の崩れそうなボロ家に住む、貧乏人の子だくさんでしたからね、家族も子供にそんな構ってられなかったわけです。

大病を患って死にかけた私は、もう布団の上で骨と皮ばかりの姿になってしまいましてね、そんな状態でも、外で遊びたいという気持ちはあって、ふらふらしながらも這《は》うように出て道を歩いたりしていました。

運が良ければね、道でシケモク（煙草の吸い殻）を拾って、渡すと小遣いをくれる知らんおっちゃんがおったりしたので、そういうのが目当てというのもありました。

ふらふらとその日もシケモクや屑《くず》拾いのために外に出てたら、たまあにふわあっと気持ちよくなる場所があったんですね。

キツイ煙草を吸った時みたいに、こう、くらあっと体がちょっと浮くような心地よさを感じるんで、いいなあって思ってその場に立っていたら、顔が真っ黒の義足の傷痍《しょうい》軍人に体を勢いよく掴まれましてね。

怒鳴《どな》りたてるように「お前しっかりせえ！」と言われたんです。

そして続けて、「俺も死にかけたことあるから分かる、半分魂が抜けかけとる。このままやと危ないし、死人《しびと》の意識が強いところ行ったら引っ張られるで！　意識をしっかり持て！　男やろう！」と言うんです。

まあ、当時は子供が大事にされてないことが多かったですし、街中には特攻崩れやヒロポン中毒の人なんかもおったから、おかしなことを言われたり聞くのは別に、変なことやなかったんです。

今やったら即不審者やって大騒ぎで警察が来るでしょうが、当時は子供なんか野良犬と変わらへんくらいの存在でしたから。

そういう風に怒鳴られて、軽く体を叩かれてね、変な人に怒鳴られて損したなあって思いながら歩いてたら、道端で真っ新《まさら》の封も切られてない煙草の箱を見つけたんです。

しかも洋モク。進駐軍が捨てたんかな？　これだけあれば、いざという時になんでも交換できるし、一本ずつ大人に売ったら、かなりお金になるなあって思って、ポケットにしまおうとしたらですよ。

さっき私を怒鳴った傷痍軍人に、煙草の箱を無理やり取り上げられたんです。酷いと思いまして、大人相手にわあわあ、私、泣きましてね。そしたら相手が「煙草の代金はやる。俺はケチやないんや、こんな俺が長生きするより、お前みたいな子供が長く生きた方がええから、寿命が駄賃や」と言い出しまして。

私それ聞いて、この人は何を言いはるんやろう、変な人やなとしか思わんかったんです。で、傷痍軍人さんが私の手を握って力を入れると、急に体が燃えるように痛いし、苦しくなってきましてね、離してくださいって泣いてお願いしてもその人は構わんでね。でもだんだん、次第に苦しさが消えて体がほかほかしてきて、内側からほわあって何か液体が満たされるみたいに、気持ちがよくなってきまして。

しばらくしたらパッと手を離して、

「大丈夫や、実は俺の命の一部もこうやって、戦地で貰ったもんや、そいつは神社の神様からこれを教わったんや。お前は病気で死にかけたことがあるやろ。魂が半分抜けかけた状態で、今にも引っ張られそうな体でふらふらしとったから気になっとったんや。でも、さっき俺が手を握って命を分けたからもう大丈夫や」

そう言って、封を開けた煙草に火をつけて、どっかに去って行ったんです。洋モクの煙がふっと鼻先を掠めていって、私はただじっとその背中を見送ってました。

で、それ以来、大きな病気もせんと、大して食べんでも力がついて、肉も増すようになったんです。

おかげで、兄弟ぎょうさんおりましたが、未だに生きているのは私だけなんです。

あの時の人が、恩人なんでしょうかな。

時々町を歩いててね、困ってる子供がおったら、やれるかどうか分からへんし、実際やったら不審者として通報されてしまいそうな気もしますけどね、あの時に傷痍軍人さんがね、私にしたように同じことを、その子にしてやれんかなって思ってるんです。

かしく（大阪市北区）

酒に失敗して神様になった女性が大阪の梅田で祀《まつ》られている。

彼女の名前は「かしく」。江戸時代に北新地《きたしんち》で名をはせた遊女だった。普段は大人しく、柳のようにたおやかな人なのだが、酒を飲むと手が付けられなくなり、人が変わったようになる。しかも大の酒好きだというから質《たち》が悪い。

そんなかしくはある日、酔った勢いの過ちで植木職人の兄、吉兵衛《きちべえ》を殺《あや》めてしまった。兄殺しの罪で、かしくは寛延二年（一七四九年）三月十八日に処刑と決まり、千日寺の刑場まで裸馬に乗せられ引き回された。

その時に、道行く見物人にかしくは油揚げを頼んだ。彼女の最期の望みが油揚げなことに首を傾《かし》げた者も多くいたが、近くにいた見物人に交じっていた豆腐屋から、油揚げを一枚手渡されると、ニコリと微笑《ほほえ》んで口に咥《くわ》え、手に付いた油でさっと乱れた髪の毛を撫で付けた。

刑場に向かうというのに艶《なま》めかしい、かしくの姿に罪人であるにもかかわらず、多くの人が惹きつけられたそうだ。

かしくは処刑の間際に最後の一念で「我が身と同じ悪癖になやむ世の人のために、悪酒を止め酒に乱れぬ神霊とならん」と言い放った。

それが噂となり実際に祀られ、神様となった。


そんなかしくの祀られているお寺に、酒で失敗ばかりしている友人と一緒に向かった。お互い酒癖がかなり悪く、その日もだらだらと家で飲んだ後だったのでかなり酔っていた。酒はやめたくてもやめられないところに怖さが潜んでいる。梅田の繁華街を歩き、曽根崎《そねざき》にある法清寺《ほうせいじ》、通称、かしく寺の境内に入って、本堂に向かって歩いていると何もない場所で二人同時に転んだ。

足を手でつかまれたような感覚があったので、二人とも血の気が引いて酔いが覚めてしまった。青ざめた顔のまま、本堂の脇にある、かしく明神に手を合わせた。

そこには「酒をやめたい」という願いがびっしりと書かれた、しゃもじが沢山ぶら下がっていた。

何故しゃもじ？　と気になったので理由を調べてみたところ、かしくの墓石を削って飲むと酒嫌いになるという噂が広まり、断酒を願う人たちによって墓石が削られてボロボロになってしまった。死して尚もボロボロにされるかしくを哀れに思った人たちが墓石の代わりに、しゃもじを授けるようになったということが分かった。

どうしてそれがしゃもじかというと、しゃもじはご飯をすくうもの。酒好きを「救う」という酒落《しゃれ》からきているらしい。

しかし、酒好きというのはどうしようもない人間が多いので、私も、かしく寺で酒の過ちを繰り返さないことを誓ったお参りの帰りに、たまたま目に入った酒屋で好きな銘柄の日本酒を見かけて購入してしまった。

帰ったら冷蔵庫の中の余り物でつまみでも作って、どう飲もうかなと考えていたところ、酒瓶がパンッ！　と音を立てて手提げ袋の中で割れた。

ポタポタとアスファルトの上に雫《しずく》が落ち、日本酒の香りが辺りにさっと広がった。流石にこれにはちょっと怖くなったので、しばらくの間、酒を断《た》っていたのだけれど、結局、友人も私も飲み始めてしまった。

かしく寺にもう一度お参りに行く必要があるのかも知れない。

ちなみに、かしくの霊かどうかは不明だが、明治四十年頃に寺の近くにいた酔客の目の前に、和服姿の青白い顔した女の首が逆さになって現れたという話が残っている。

かしく（大阪市北区）

天満のたこ焼き（大阪市北区）

大阪の天満《てんま》で四角いたこ焼きを焼くことで有名な、H子さんという方がいる。

普通のタコ焼き機を使って焼いているのだけれど、何故かH子さんが焼くと丸くならないのだそうだ。

「時々なんでか△になんねん」と首を傾げながら、今日もたこ焼きをトレイに入れている。十個で二百五十円、十五個三百五十円と書かれているが、H子さんは十個と頼んでも「ほいこれ、おまけな」と言って五個ほどいつも追加してくれる。

細長い路地の途中にあるその店は、地元の人からも愛されていて、大人だけでなくお小遣いを握りしめて買いに来る子供の姿も見かける。

奥には座って食べられる席があり、私はそこで八十五を過ぎても尚現役のH子さんがくるくると、たこ焼きを回転させる姿を見ながら食べるのも好きだ。

ある日、H子さんの店の奥の席でサイダーを飲んでいると、スーツ姿の大きな男性が

「隣いいですか？」と言って入って来た。

男性は隣に座るなり、壁の方を向いてぶつぶつと独り言を身振り手振りを加えて呟《つぶや》きだし、小さな店なので私はその様子が気になって仕方なかった。

そんな私の視線に気が付いてか、男性は私の顔を見ると頭をぺこっと下げてこんなことを言い始めた。

「こっからちょっと歩いた場所に、テレビ局のKがあるでしょ。あっこで今日これからオーディションがあるんです。すいませんお食事中に邪魔してもうて」

「別にいいですよ。芸人さんですか？　大変ですね」

「いや、これで食べてないからプロってわけじゃないんですが……あのすんません、ネタ聞いて貰っていいですか？　いや、迷惑だったら断って下さい」

私が別にいいですよと言うと、その男性はこんな話をしだした。

「僕のネタ、ちょっと変わってるんで、見ても驚かんといて下さいね。ではショート・コントで、やばい女。

僕が失恋したばかりの時に、知人から地雷系と呼ばれる女でもいいならと言って、彼女を紹介されたんっすよ。地雷系というから、よほど危ない雰囲気の女かと思いきや、別に依存してくるような重たそうな女ではなくて、サッパリとした性格の宝塚の男役っぽい見た目が長身の美女が現れたんです。これは金星《きんぼし》級だと喜んで付き合い始めたんですが、彼女の元カレの生霊が彼女に乗り移って……」

彼はそこで言葉を区切り、自分の首を自分で絞め始めた。そしてピンク色の舌をでろりと口の端から垂らし、白目を剥《む》いて革靴を履いた足先をビクビクっと数回、痙攣《けいれん》させた。

私は、その様子をあっけに取られて眺めていると、彼は急に真顔になって姿勢を正して椅子に座り直し「どうですか、僕のネタ？」と言った。

「お笑いはよく分からないですが。インパクトはあるんじゃないですか？」

私の感想を聞いて、彼は照れ臭そうに頭を掻《か》きながら「いやあいやあ、そうですかあ」と言い、たこ焼きを食べ終えて去って行った。

私は割と変わった人に会う機会が多いので、この話もそういうことがあったという程度で、ほぼ忘れかけていた頃に、天神橋筋《てんじんばしすじ》商店街のたこ焼き屋のWで、あの変わったネタを披露してくれた男性に再び出会った。

その日、私はとある商談がまとまった帰りということもあって、気分も良かったので自分から彼に話しかけた。

「以前、天満のたこ焼き屋で会いましたよね？　オーディションどうでした？」

すると、その男性が「なんの話ですか？」と言い、声が全く違うので、別人を見間違えたことに気が付いた。

「すみません、人違いしてしまいました」

「あーなんか僕のそっくりさんがいるらしいですね。その人、ラーメン屋かたこ焼き屋におって、首絞める女の芸を見して、小銭せびってきませんでしたか？」

「いや、せびるとかいうのはなかったです。オーディションや言うて、首絞めのネタを見せてはくれましたけど……」

「やっぱりそうかあ。で、その人、名乗ったりはしなかったでしょ？」

「そういえば、名前は何も言うてなかったです」

「いつもそうなんですよ。僕のそっくりさんがいて、変な芸やらを見せられたって言いに来る人がいて、困ってるんです。僕の連絡先教えておくから、今度その人に会うことがあったら伝えて下さい。僕自身そっくりなその人に会ってみたいと思ってるんで」

「はあ」

箔押《はくお》しの角のピンと尖った名刺を渡された。○○歯科医院、院長××××とそこには書かれていて、どうやら彼は歯科医ということが分かった。


その日の夜、道頓堀《どうとんぼり》のライブハウスZAZAでのオールナイトの怪談イベントに、怪談作家の中山市朗《なかやまいちろう》さんたちと行った。その時に、中山さんそっくりの人がラーメン屋に出るという話を聞いた。『新耳袋』の共著者の木原浩勝《きはらひろかつ》さんもその、そっくりさんを中山さんと見間違えた人の話を何度か聞いているそうだ。私も実を言うと京橋駅近辺で何度か中山さんのそっくりさんを見ているし、会場でも実は私も見たことが……と司会者の女性が手を挙げた。

しかし、不思議なことに中山さん本人は、一度も似たその人を見かけたことも、会ったこともないらしい。

私も時々、子供が通う学校の親御さんに「昨日○○で食事していましたよね?」とか「○○で買い物をしていて声かけたのに、気が付いて貰えなかったのか通り過ぎられちゃって」なんて、行ってすらいない場所で見かけられた話をされることがある。

私のそっくりさんも、大阪の街のどこかに住んでいるのだろうか。

ちなみに私の夫は一人っ子なのだが、双子ですか？　と聞かれたことがある。

理由は、夫が子供を保育園に迎えに行った後に服装と声が違うが顔がそっくりな男が来て、子供の名前を呼び、代わりに迎えに来たと言ったらしい。

もうすでに帰られてますよと、先生が伝えたところ、男は何も言わず、走ってその場から逃げ去ったそうだ。人とは思えないほどの速さで、気味が悪かったので、園が防犯カメラの映像を確かめてみたところ、角度が悪かったのかエラーなのか、男の顔だけがもやがかかったようになって映っていなかったらしい。

名刺を貰った歯医者さんに一度、歯の治療で出向いたことがある。

先生は自分のそっくりな人の正体は、もしかしたら「狸」ではないかと思っているということだった。

ふしぎ地蔵（大阪府堺市）

今、市内の認可保育園で保育士として働いているTと申します。

子供たちにも散歩の時に、お地蔵さんだよと教えてあげながら前を通ってるんですが、堺市の南海高野線《なんかいこうや》、浅香山《あさかやま》駅の近くに「不思議地蔵尊」という名前の地蔵が祀られています。

この地蔵の由来なんですが、昭和初期に、浅香に住んでいた佐野虎市さんという人が背負っていた風呂敷包みが急に重くなったと感じたので、しゃがんで下ろして風呂敷を解《ほど》いてみたところ、何故か地蔵に見える石が入っていたんです。

なんだか不気味だなと思った虎市さんは、石を捨てたそうなんですが、何度捨ててもいつのまにか風呂敷に入っていたりして、家に戻って来てしまいました。

仕方がないので、その石を自宅で祀ってみたところ、近所の人たちに御利益がもたらされるようになり、不思議なほど願いが叶うので、いつのまにか「ふしぎ地蔵」と呼ばれるようになって、昭和三十年にご利益を得た人たちが中心になって、現在地に新たに祠《ほこら》を作って祀ったそうです。

　このふしぎ地蔵は、縁に纏わる願いを特に叶えてくれるという噂があって、死んだ人と会いたいと思うと夢で話せただとか、声が聞こえて謝ることができたとか、伝えたいことを言えたって人の話を聞くんです。

　私、学生時代にどうしても留学したい夢があったので、親に無理をいってカナダの短期留学に行かせて貰ったんです。うち、あまりお金ないからお婆ちゃんの貯金で援助をして貰って行ったんですが、留学中に……お婆ちゃん亡くなってしまったんです。

　親は私が気にするといけないって思ったらしく、留学中に亡くなったことは知らせてくれなかったんです。留学から帰ったら、お土産とお礼の手紙を持って、お婆ちゃんの家に行くつもりだったから、帰国して知った時にとても悲しくて……。

　お婆ちゃんすごく私のことを大事にしてくれたのに、最後に挨拶もお礼もできなくってごめんなさい、って毎日泣いてしまって。あの時は私が留学したいなんてわがままを言わなければ良かったと、そのことばかり後悔していました。

　でもある日、ふしぎ地蔵にお願いして、亡くなった子供とお話ができたって言っている、お母さんの話をどこかで聞いたのを思い出して、夢でもなんでもいいからお婆ちゃんにもう一度だけ会わせて下さいって、お地蔵さんにお願いしたんです。

そしたら、その夜、部屋がギシッとなって畳の上を誰かが歩いているみたいに、少し布団の周りが体重で沈む感覚がしたんです。で、電気が急にパッとついて。「もしかしてお婆ちゃん?」って私が起きたら、お婆ちゃんから貰った机の上に置いてあったぬいぐるみが二回、うんうんって頷《うなず》いてくれたような動作を見せてくれたんです。

声を聞いたり、実際に姿を見ることはできなかったけれど、お婆ちゃんが会いに来てくれたんだと思って、私泣きながら留学してどんな体験ができたかということと、お礼を伝えました。

私が言い終えると、ぬいぐるみがぽてっと机から落ちて、私が拾い上げると驚くほど温かかったんです。中にカイロでも入っているんじゃないかと疑ってしまうほど、ホカホカで。ああ、このぬいぐるみの中にさっきまでお婆ちゃんがいたんだって思えたんです。

それ以来、本当にふしぎに願いを叶えてくれるお地蔵さんだと思っています。

近所にあのお地蔵さんがおってくれて良かったたって思って、手を合わせるたびに心の中でお礼を伝えてます。

極楽橋（大阪市城東区）

ライブハウス「ロフト・プラスワン・ウエスト」の怪談イベントで知り合いになった、Wさんから聞いた話。

私の住む城東区の放出《はなてん》と今福《いまふく》を結ぶ橋の一つに「極楽橋《ごくらくばし》」と呼ばれる橋があります。

嘘か実かは分かりませんが、今は亡き祖母曰《いわ》く、「極楽橋」はその昔、罪人を船で処刑場に送る際に、その下を通って向かうことから、この橋の先からは地獄しか待っていないということで「地獄橋」と呼ばれていたそうです。

やがて時が経ち、由来となった処刑場がなくなっているのに、このままの名前では縁起が悪いということで「極楽橋」に改名されたとのことでした。

ただ、「極楽橋」にしたせいで、死んでも極楽にいけると飛び込みが相次いだりしたそうですし、今でも何年かに一回ぐらいは、周辺で水死体があがったりと難ありの場所で、これはそんな「極楽橋」での私の体験談になります。

私が小学生の頃、両親が共働きだったので、毎日学校が終わったら自宅に帰らず、橋を渡って祖父母の家に行き、一緒に晩ご飯を食べ、その後に迎えに来た両親と帰るといったルーティンを送っていました。

その日も学校を終え、一人で祖父母の家に向かっていると橋の歩道部分、真ん中よりちょっと自分側に、片方だけの軍手が落ちているのが見えました。

見た目にもはっきりと使い古されて薄汚れている軍手を普通なら無視して通り過ぎるのですが、何故かその時は、それがすごく嫌なものだ、排除しなければならないと感じたのです。

辺りを見回せば、運良くといっていいのか、人もいなければ車通りもない状態で、私はその軍手を拾い上げ、ポイッと橋から川に向かって投げ捨てたのです。

軍手は宙に舞い、重力に従って落ち、流されてさよなら……のはずでした。

が、その軍手はまるで人が装着して水面からつきだしているかのように、流されもせず水の上で垂直に立ったのです。

そんな不思議な光景に目が離せないでいると、今度は軍手が私に向かって手招きするかのように、ペコペコと指の部分が何度も何度も曲がりました。

あっ、これは駄目なやつだと子供ながらに思い、祖父母の家に走って向かおうと進行方向に向いた瞬間、さらに不思議なことが起きたのです。

さっきまで人も車もいなかったはずが、いつの間にか私の周りには他の下校中の小学生や買い物帰りの主婦がいて、車も途切れることなく走っているのです。

月並みな表現になりますが、突然現れたとしか表現しようがない状態でした。

もう何がなんだか分からなくなった私は、逃げるように祖父母の家に走って帰りました。

あの橋は、この世でないどこかと繋《つな》がっているのかも知れません。

青い薔薇（大阪市都島区）

自宅で、漫画家のデジタル・アシスタントをしているというUさんから聞いた話。

「一時期、漫画雑誌で連載を持っていたこともあるんですけど、人気が出ない悩みで、体調崩してしまったんです。だから今は、自分のペースでアシスタントをしながら、時々好きに描いた漫画をネット上にアップしたり、オンラインで同人誌の販売をしています。

体調を崩していた時期は、本当に地獄でしたね。印税とか原稿料を全部使い切ってしまって、家の外に出るのも怖いというか辛かったです。メンタルもガチでやられていたんで、回復に数年かかりました。

そこで、最初についた仕事が、人と話さなくて良さそうって理由で清掃関係の職を選んだんです。結局それも長続きしなかったんですけどね。

で、転職しまくってた時に私、桜《さくら》ノ宮《みや》の川沿いにある、とあるラブホで働いていたことがあるんです。

オーナーが無口だったこともあるんですが、割と働きやすい職場でしたね。ペアで清掃するところが結構多いんですが、そこは最初っから一人でやらせてくれたんで気に入っていました。

シーツ交換と清掃がメインの仕事だったんですが、どの部屋とかいうのはないんですが、たまにお化けが出たんです。

調べてもそのラブホテルで人が死んだ事故や事件はなかったし、自分の頭がおかしくなったから見ているのかなって思って、誰にも言ったことがない話なんですが……。そこに出るお化け、おっぱいだけなんです。

清掃して浴室の水滴が残っていないか調べて拭《ふ》いて、ふっと顔を上げると、トルソーみたいに手足も顔もなくって、首の下から胸だけの体が宙に浮いて見えていたんです。すごい肌の綺麗なお化けで、おっぱいの形もグラビア的というか、絵に描いたように整った形だったんです。でも、左のおっぱいには青い薔薇《ばら》のような打ち身の、内出血でできたような痣《あざ》がハッキリとついていました。

あまりにもしっかりと見えるし、清掃って時間との勝負でもあって、元々そんなに怖がりじゃないので、見えても、ああスケッチして誰かに見せた方がいいのかな？　くらいにしか思わなかったんです。

でも、別の日の清掃中に鏡越しに映っているのを見たり、部屋に入るとベッドの上にドーンと浮かんでいるのを見ている間に……何か伝えたいことがあるんじゃないかって不安になってきたんです。

あの痣が原因で亡くなった人なんだろうかとか、割と若い女性みたいだけど、口がないから伝えられないんだろうかって。

ある日、見えた時に『何か言いたいことありますか？』って、おそるおそる聞いたんです。

すると、青い痣が黒っぽく、サッと固まった血の色みたいに変わって、あっそれでこれは駄目だなって思って、部屋を出てその日のうちに黙って仕事を辞めました。

どうして、その時そう感じたかは、自分でも説明できないんです。

だけども、あそこで仕事を辞めずにあのおっぱいと関わり続けていたら、多分死ぬくらい何か危ない目にあっただろうなって感覚だけがしっかりあるんです。

あれは、多分、興味を持ってこちらから話しかけるのを待っていて、声をかけてきた相手をどこかに引き込む気なんですよ。

理由とかそういうのは分からないけど、本能ですかね。自分にはそれが分かったんです。今もあの場所で、清掃している誰かの前に現れているのか――関心を持って話しかけられるのをあれ、待っていると思いますよ」

後日、調べてみたところ、このラブホテルは前著『大阪怪談』の時に聞いた、男の幽霊らしき人が出るという怪談「ガチャッ」という話の場所と同じということが分かった。

通り抜け（大阪市北区）

大阪の春の風物詩の一つである造幣局《ぞうへいきょく》の通り抜けは、新型コロナウィルス感染症の影響で二年連続で中止となっていた（二〇二二年は抽選で当選した方のみという形で開催された）。

通り抜けが開催されている造幣局の敷地は、元々は江戸時代に伊勢国《いせのくに》・旧藤堂藩《とうどうはん》の蔵屋敷だった。

旧藤堂藩の藩主は園芸が趣味で、特に桜には目がないことから、全国から取り寄せた珍しい品種の桜を集めて育てていて、当時から桜の名所として有名だったらしい。

しかし時は移り変わり、明治になると藩主の屋敷は解体され、大蔵省造幣寮が建設されると決まってしまった。屋敷は無くなったが、多くの珍種の桜はそのまま大蔵省に引き継がれ、明治十六年（一八八三年）に当時の造幣局長の遠藤謹助《えんどうきんすけ》氏が「せっかくの桜、造幣局の局員だけが楽しむのは勿体《もったい》ない」と言った。それが、造幣局の桜の一般公開、今でいう通り抜けの始まりの切っ掛けだったらしい。

造幣局の中に植わっている桜は百四十種近くで、通り抜けの期間中は、毎年屋台も多く出て、花見客で賑わっていた。

私は、桜ノ宮の地名が示す通り、淀川《よどがわ》の水面が花筏《はないかだ》に覆われ辺り一面が様々な品種の桜の花に覆われるこの季節をいつも心待ちにしていた。

春の夜、新年度の期待が満ちているような独特な空気、そして桜の花の怪しい雰囲気のせいか、一人、花の下を歩いていると、どこか異世界に迷い込んでしまいそうに感じたことさえある。

これは、まだ桜の季節に人が集い花見が楽しめた、今から四年ほど前にタクシーの運転手から聞いた話だ。

「お客さん、造幣局の通り抜けってあるやろ？　あれ、なんで通り抜けっていうか、知ってます？」

「八重桜の季節になると毎年やってるやつですよね。造幣局内の大川沿いの道を、桜を見ながら通り過ぎるからじゃないですか？」

「うん。そうやけど、なんで通り抜けて見ないとアカンのか、立ち止まって桜を見たらアカンのかは、知ってへんのと違うかな。昔から、まあ通り抜けって名称は使われとったんやけど、もう少し桜をゆっくり見られた。

でもなあ、昭和四十二年にねえ、桜の見物客が将棋倒しになって、怪我人も大勢出まして、死者も出てしもうたそうで。

そこからかなり厳しくなって、今みたいに桜の木の傍で立ち止まったら、ピーと警備員か警察官やらに笛を吹かれて『立ち止まって桜を見ないで、歩いて下さい』と言われるようになったみたいなんです。

実はですね、私のねえ、親父と叔母がね、四十二年の通り抜けの将棋倒しに巻き込まれまして、肩やら背中を打ってしまって痣になったりしたらしいですわ。私が生まれる前の話なんですけどね。

親父はそんな目にあったのに、通り抜けが再開した時に懲《こ》りずに行きましてね、そうしたら出口付近の八重桜の上の方から、この世のもんとは思えんような、金属を擦《こす》り合わせたような声で『ええなあ、あんたは助かって』と聞こえたらしいんです。

私そんな話、親父から聞いてるから、あそこの桜見に行ったことないんですよ。怖くって。お客さんからよく、行ってきたって話を聞いて、見事やったとか今年の桜の種類はどうやったとか、知ることはあるんですけどね。

私は親父みたいに幽霊の声は聞いたことないんですけど、植物は色々と声出しますよ。特に桜はもの言います。意味は外国の言葉と同じで、あんましよう分からないんですけどね。でも、なんかねえ不吉なことを桜はひそひそと話していることが多いような気がしてしゃあないんです。それだけやなくって、あの小さい花全部がね、目みたいに見えてきたことないですか？

桜はねえ、綺麗というか、恐ろしい花やと思いますわ。だから私はようじっくり眺めたりできひんし、花見の季節になるとかなり憂鬱《ゆううつ》になるんです」

そう言って、タクシーの運転手は目的地の桜ノ宮駅で私を降ろして去って行った。

造幣局の敷地内には、怒涛《どとう》の明治の時代も戦火も潜り抜けてきた桜の木の子孫たちもいるというから、当時を覚えていたり、そういう声を出す桜の木があってもおかしくないのかも知れない。

クナサヤキンジ（大阪府某所）

今から二十数年前の話。

「クナサヤキンジ」という謎の落書きが、学研都市線（JR片町線）の駅近くの至る所に書かれて話題になったことがある。

私も京橋駅付近の鉄橋や、住道《すみのどう》駅近くや星田《ほしだ》、河内磐船《かわちいわふね》、長尾《ながお》で「クナサヤキンジ」の落書きを見かけた記憶がある。

グラフィティの一種かと思って当時、ジオシティーズのとあるHPの管理人が、書いている人を突き詰めようとしたが、結局分からなかった。

そして、何度か「誰が書いてるか探すと殺す」と同じ字体で、管理人の住んでいる家の壁に落書きされていたそうだ。

怪しい人の乗った車（大阪市某所）

ＳＦ作家の林《はやし》譲治《じょうじ》さんから聞いた話。

大阪に住む義父が亡くなり葬儀の後で、妻と義母をともない仏具屋さんに向かっていた車中のことです。

前を走る自動車の挙動が明らかにおかしく、アクセルやブレーキの反応が鈍いだけではなく、明らかに蛇行《だこう》しながら走行していました。

その時、運転していたのは私の妻でしたが、彼女は「何をしているのだ」とハンドルを握ったまま呟きました。

どういうことだと思い、前を見ると、問題の車のバックウィンドウからシルエットで、裸か、極端に薄着の痩身の女性三名がじゃれているのが確認できたのです。

車内には助手席に二名、運転席の真後ろに一名いるようで、運転者にチョッカイまでだしている状態でした。それで運転がおかしかったのかと合点し、下手に近づくと危ないと妻に伝えました。妻もその意見に同意し、追い越しもしないで後ろを走っていました。ですが、分岐点の信号で問題の車と横に並んでしまいました。

どんな顔の馬鹿が運転しているかと思い、運転席を覗き見ると五十過ぎくらいの中年男性が一人だけで、三人の女性などそこにはいませんでした。

信号が青になり自動車は別方向に向かったのですが、バックウィンドウからは、やはり女性たちが乗っているようなシルエットがはっきりと見え、車は蛇行運転を続けながら進行していました。

ちなみに、運転していた妻は「女は横と後ろの二名しかいなかった」と証言していました。彼女によると女性たちは下着姿だったらしく、あの車がその後どうなったかは分かりません。

コンビニの傘（大阪市中央区）

十三《じゅうそう》の町カフェで怪談会をおこなった時に収集した話。

現在ジムのトレーナーをしているHさんが、フリーターをしていた頃の体験らしい。


僕、何年か前に谷町《たにまち》四丁目にあったコンビニのアルバイトをしていたんです。

そこでよく話をする先輩がいたんですが、何故かその人の名前を思い出せないんですよ。

夜のシフトで僕は十時から朝方までで、先輩は六時から十二時の勤務だったんです。

繁華街の近くの店やったから、夜の時間帯でも結構忙しかったですね。

でも、その日は台風が近づいてるとかで臨時休業の店も多かったせいか、お客もおらんで店もかなり静かやったんです。

その先輩と棚の商品の整理をしてたら、急にこんなことを言い始めたんです。

「お前、傘、今日持って来てるか?」

「折り畳みやけど持って来てます」

「そうか。あのな、ここのコンビニの傘立ての傘の忘れ物には注意しとけよ」

「あ、はい」

「お前、本当に分かってるんか?」

先輩が無茶苦茶《むちゃくちゃ》、真剣な感じで言ってきたから、なんやろうと思いながら返事したんです。

「お客さんに、傘をお忘れないようにって呼びかけするってことですか?」

そうしたら、急に泣きそうな顔で先輩が「違う」って言ったんですよ。

「あのな、忘れ物の傘を持って帰ったら、えらい酷い目に遭うねん」

先輩の顔をもう一回見てみたら、額とか首筋とかクーラーの効いてる店内なのに汗だらっだらで、顔色も悪くて。

「傘の話ですけど、拾得物なんとか罪か、窃盗罪とかいうやつでしょ? たとえ人の忘れもんでも勝手に使ったらアカンて、そりゃ僕でも知ってますよ」

でも、僕の声なんか聞こえてないみたいで、なんかじい～っと店の入り口の方を見て、そっからこんな話を語り始めたんです。

「傘は罠やから。ビニル傘のな、それも、どこのコンビニでも売ってる、誰でも一本は持ってそうなあの傘。あれが罠なんや。でも、俺は目印があるのを知ってる。あのビニル傘のな、白いプラスチックの傘の柄の部分。あそこに赤いマニキュアで、バッテンが書かれとるねん。それをどんな理由があっても持って帰ったらアカンねん。

俺もあいつも、それでやられた。傘を持ってたのに、なんであれを持って帰って使ってしまったんやろう。

あの傘を差したらな……パッと広げたらな、傘の骨の内側にあいつがおったんや。傘を開いたらそこに、怒った顔だけのおっさんが、透明色のビニルの内側に、くっ付いとったんや。

なんやこれって見てたら急に突風が吹いて、開いた傘が煽《あお》られて俺はその傘に引きずられるようになってしまって……危うく車に轢《ひ》かれそうになったんや。

そんでな、傘を差してる時に、ぐっと傘の柄に引っ張られる感じがして、俺は溝に落ちてしもうた。その時に傘の折れた骨が体にザックリと深く刺さって、怪我をしてしまったんや」

先輩はそこで急にコンビニの制服の上着を脱ぎ始めて、僕に上半身を見せてきたんですよ。そうしたら体の数か所に、点々と丸い小さな傷痕があったんです。

「これがその傷や、ちょっとズレてぐっさりと刺さってたら、心臓とかに傷いっとったかもしれん」

　僕、なんかその話が信じられへんかったから「まさか」って言ったんです。そしたら先輩が「今日あたりにあの傘が傘立てにある気がする。柄の部分を見て、それがあったら持って帰って、お前試しに使ってみろ」って言うんです。

　先輩が「今ここのレジ見てるし、客もおらんから、ちょっとそこまで行って傘あるかどうか見て、差して歩いてくるだけでもいいぞ」って。

　そこまで言われたらせなアカンのかなあって、渋々と入り口の横にある傘立てんとこに行ったんです。

　で、白い柄のビニール傘が三本ほどあって、ホンマにそのうちの一つにだけ、小さな赤い「×」が書かれとって。嫌やなあっと思いながら、その傘の柄を持ったら、急に何かすごい嫌な気配を感じたからパッと手を離して、僕は店に戻ったんです。

　で、「先輩、あの傘――」と言いかけたら背後でバーン！　ってすごい音がして、振り返ったら路面でスリップしたんか単車が横転して、運転してた人が放り出されて倒れてたんですよ。

　それ見て、もしその傘を差してあの辺りを歩いてたら、単車の横転事故に巻き込まれて自分えらいことなってたんちゃうかと思って……。

でも、あの事故もおかしいんですよ。街中でしょ。そんなスピードも出てないのにあんな派手に転ぶ事故って、普通起こるもんなんかなあと。

それから先輩、その日のシフトを最後に急に出勤しないようになって、音信不通になったんです。店長は代わりのシフトに入る人を探さなアカンようになったんで、かなり怒ってました。

僕、あの日からコンビニの傘立てが気になって、毎回必ず見るようにしてるんです。そしたらね、たまぁに見るし、あるんですよ。赤い「×」の書かれた傘が。

その傘を見かけたらその店には入らないようにしてます。だって借りパクした人の災いに僕も巻き込まれる可能性があるじゃないですか。

ゲームのボイスチャットで聞いた話（大阪市某所）

オンライン・ゲームのボイスチャットで、時々怖い話を聞くことがある。

これは、とあるオンライン・ゲーム内で聞いた話。

相手は声の感じからして小学三、四年生くらいの男の子のようだった。

「あのなあ、結構前のことやねんけど、下校中に知らん人から『預かって』って言われて、急に箱を渡されてん。

四角い木の箱で、端っこだけ黒くてガムテープが貼られててな、困るからって箱をすぐに返そうとしてんけど、そこにはもう誰もおらんかってん。

どうしたらええやろうって思って、箱を持ってたら、ちょっとカタカタって震え始めて、何かが動いてるような振動が伝わってきて、動物の臭いがしててな。

もしかしたら生き物の赤ちゃんが入ってるんかも知れへん、ヤバイって思ってとりあえず中を開けるのは怖いし、警察署に持って行こうと思って歩いててんけどな、しばらくしたら箱がな、俺の誕生日とどこに住んでるのかを言い始めてん。

八月二十六日生まれ、大阪市城東区××町○丁目○番地◆◆マンション○階○号室って。

なんか意味分からんから、俺、急にしばらく動かれへんくなって、それで、こんなもん持ってたらアカン！　って思ったから、箱をその場に放り投げて逃げてん。

そしたらなあ、『家は知ってるからねえ』という声が、後ろから聞こえてきてん。

それからなあ、庭や部屋の隅で、預かってと言われて渡されたんと同じような箱を見かけるようになってん。

でも、よく見るとティッシュボックスだったり、ランドセルだったりするねん。

その日から、お父さんもお母さんも、誰かに見られているような気がするとか言っていて、引っ越しを考えててな、あの箱マジ意味分からんから、今度見つけたら踏むか燃やすとかマジでしてやりたいわ。

学校でも何度もこの話してんけどな、嘘やとか作ってるとか言われるから、時々同じ体験した人おらんかなって思ってゲームで話してんねん。

誰か、あの箱のこと知ってたりする人おって欲しいから。

なあ、誰かおらん？　俺マジで困ってるねん。だって引っ越したくないし、一人で留守番してる時とか、あの箱見えたらホンマ怖いねん。あの箱のことどんなことでもええから、知ってる人おったら話して」

相手の子供はそう言い、やがてボイスチャットは切れた。

あれからどうなったのだろうと気になり、同じゲームをプレイする度に箱の話をしてくれたプレイヤーの名前を探すのだけれど、あの日以来出会えていない。

道頓堀の人斬り（大阪市中央区）

『仮面ライダー電王』や『るろうに剣心』で話題となった俳優の佐藤健《さとうたける》が、ＮＨＫドラマで演じていた人物として知っている方も多くいるだろう。岡田以蔵《おかだいぞう》、またの名を「人斬り以蔵」は土佐で生まれ、江戸で鏡心明智流《きょうしんめいちりゅう》の中伝を得て、天才的な刀剣の腕を見出されたことで、土佐に戻り土佐勤皇党《とさきんのうとう》に仕え「天誅《てんちゅう》」と称した暗殺を、捕縛されるまで繰り返した。

そんな以蔵が「人斬り」と呼ばれる切っ掛けとなった最初の暗殺が、今はグリコの電飾サインが川面《かわも》に映り、遊歩道ではカップルが行きかう、道頓堀《どうとんぼり》の戎橋《えびすばし》近辺で行われたことを知っている人は少ない。

文久二年（一八六二年）八月二日の夜。

岡田以蔵は土佐藩の尊攘《そんじょう》派である土佐勤王党のメンバーと共に、公武合体派であった吉田東洋《よしだとうよう》の暗殺事件について取り調べていた土佐藩下目付《しもめつけ》の井上佐市郎《いのうえさいちろう》を、勤王党の仕業だと暴露される前に、暗殺するようにという依頼を受けていた。

以蔵は暗殺を遂行《すいこう》するために、心斎橋《しんさいばし》筋にあった小料理屋「大与《だいよ》」に井上を誘った。言葉巧みに井上に酒を勧め、酔ったところで外に連れ出し、以蔵は手ぬぐいで後ろから首を絞めた。

そして、橋の上から川面目がけて井上を落とし、橋から転落して死んだ事故死に見せかける予定とだった。そのように散々話し合って計画していたにもかかわらず、魔が差したのか短刀でわき腹を深々と刺してしまい、その結果、井上は他殺体として発見されることになってしまった。

井上と小料理屋で同席予定の面子《めんつ》には、三菱財閥創始者の岩崎弥太郎《いわさきやたろう》も含まれていて実は暗殺ターゲットだったそうなのだが、運よくその時、大阪をたまたま離れていたために殺されなかったそうだ。

井上の他殺体が見つかった後、旧九郎右衛門町《くろうえもんまち》辺り（現在の戎橋）では、しばらくの間、青白い人魂が浮かんで見えたり、堀を面白半分で渡ろうとすると、急に足を引っ張られ、沈むと生きて浮き上がれないという噂がささやかれた。

夏場にはプンっと血のにおいが漂《ただよ》い、もしやまたもや遺体がと探しても何もなく、その場に井上らしき亡霊の顔が川に映っていたという話もあったという。

道頓堀近くにある、くいだおれ太郎が目印のライブハウスZAZAで怪談イベントをした時のこと。

物販の最中にお客さんから、ここの会場に来る前、戎橋の欄干《らんかん》に凭《もた》れかけて携帯電話を弄《いじ》りながら時間を潰していたところ、水面から「下りて来て」と声を聞いて「えっ」と思ったら、体がふわっと浮くような感覚が襲い、橋から落ちかけてしまいそうになったという話を聞いた。

あの橋の周りには、何か魔のようなものが潜んでいるのだろうか。

三菱財閥ゆかりの神社（大阪市西区）

人斬り以蔵に狙われつつも運よく斬られることもなく、一代で三菱財閥を築いた岩崎弥太郎に纏わる土佐稲荷神社が西区の北堀江にある。

土佐出身の岩崎弥太郎は少年時代に、父親が酒に酔って庄屋と喧嘩し投獄され、それに異をとなえ、壁に墨で「官は賄賂《わいろ》をもってなり、獄は愛憎によって決す」と書いたことで弥太郎本人も投獄されてしまった。

しかし、そのことを切っ掛けに、獄中にいた商人に人との駆け引きのコツや、算術を付きっ切りで教わることができて、同郷の坂本龍馬が設立した貿易商社「亀山社中《かめやましゃちゅう》」、「海援隊《かいえんたい》」の経理を担当した時にたいそう役立ったという。

時代が幕末から明治に移ると、岩崎弥太郎は海運事業に乗り出した。土佐藩蔵屋敷とともに土佐稲荷神社も岩崎弥太郎に譲られ、そこで今の三菱グループの最初の事務所となる「三菱商会」を設立。

つまり、三菱財閥の創業の地が「土佐稲荷神社」ということになる。

土佐藩の借金の返済を肩代わりし、支払い終えた後、土佐藩の屋敷跡の敷地を全て大阪に譲渡するが、岩崎弥太郎は土佐稲荷神社だけは手放さず、今も三菱グループの守護神となっている。彼が難を避けて、急成長したのは稲荷のご加護のおかげでは？　という噂があり、現在も商売を営む者が三菱財閥ゆかりの、土佐稲荷神社で手を合わせる姿をよく見かける。

神社は、神紋《しんもん》として、土佐藩主山内家と岩崎家両家の家紋である三ツ柏と三階菱を組み合わせた三菱《スリーダイヤ》の紋章を用いており、創建は不明だが、境内の神社略記によると、天正年間（安土桃山時代）、大阪城の築城に際し、運搬されていた石に只ならぬ畏《かしこ》きものがあり、これをお祀りしたのが始まりとされており、爾来《じらい》その霊験あらたかなることが各地に広がり、航海安全の神として遠く西国などより多くの参拝者があったと記録にある。

その後、享保二年（一七一七年）、六代目土佐藩主・山内豊隆《やまうちとよたか》は、伏見稲荷大社より御分霊《ごぶんれい》を戴き合祀《ごうし》して後、土佐稲荷神社と称するようになったということだ。

境内には天保十一年～明治四十年まで活躍した大阪商船初代「摂津丸《せっつまる》」建造者の「兵安」こと兵庫谷源次郎氏が、風害の際に、この石に身を寄せて命が救われたことを感謝して、明治三十年（一八九九年）に隠居のおりに建立した石碑もある。

ある日、二〇一九年の暮れからずっと続いているコロナ禍の影響で、色々と仕事にも影響が出て、財布の中身や貯金も随分寂しいことになってしまっている私は、少しでもお金が増えるといいなという安易な思いから、土佐稲荷神社にお参りした後に、宝くじとスクラッチを買ってみることにした。

宝くじはバラで三枚、スクラッチは一枚購入した。スクラッチはその場で五百円、宝くじは後日当選番号を調べて貰ったところ、二千円が当たっていた。

思わぬ臨時収入に小躍りしたが、せっかく財閥を築くほどのご利益を齎《もたら》したという噂のある神社なのだから、もっと高額当選であっても良かったのにと愚痴《ぐち》ってしまった。

それが良くなかったのだろうか、その夜、声も出せないほどの激しい腹痛に襲われた。腸の一部が破れたんじゃないかと疑うほどの激痛で、ひぃひぃ言って朝方までもんどり打って苦しんだ。

昼過ぎ頃に痛みの山は引き、タクシーに乗って近所の病院に行ったが特に大したことはなかったみたいで、四種類ほどの薬を二週間分渡されただけだった。

後で思い返してみれば、土佐稲荷神社で「くじ」の当たりを願うのは不謹慎《ふきんしん》過ぎたせいかも知れない。

理由は、土佐稲荷神社ではかつて「死のくじ引き」が行われたからだ。

攘夷《じょうい》論がまだ激しく吹き荒れていた慶応四年（一八六八年）、和泉国《いずみのくに》の堺港で、二月十五日に乱暴を働いたフランス軍艦水兵と、同地を警備していた土佐藩兵とが衝突。言い争いの後、土佐藩兵側がフランス軍水兵を射殺または、海に落として溺死させてしまった。

双方の言い分は言葉の壁もあり、すれ違っていたが、開国和親の方針を明らかにしたばかりの新政府は、フランスの要求をそのまま認めることとし、責任を取るために土佐藩関係者に切腹を命じた。

亡くなったフランス水兵と同人数を処罰するということで、土佐稲荷神社で切腹する者を選ぶ籤《くじ》を行った。それが後に「死のくじ引き」と大阪人の間で話題となった。

そして、信長が切ったところ、鮮血が吹き出したという伝説の蘇鉄の木が植わっている堺市内の妙国寺《みょうこくじ》で、六番隊警備隊長の箕浦《みのうら》元章（猪之吉《いのきち》）含む二十名の土佐藩関係者の切腹が行われることとなった。

最初に切腹したのは、箕浦元章で、箕浦はグッと刀を横一文字に腹を切り裂いたのだが、介錯《かいしゃく》の時に首が太くなかなか切れなかったために「落ち着いて、今一度」と首を斬られながらも介錯人を励まし続けた。その後、九名が次々と腹を切り、介錯が行われていたのだが、十一人目が腹を割いた後に口から血泡を吐きながら、横隔膜《おうかくまく》を引きちぎり、切腹に立ち会っていたフランス軍艦長アベル・デュプティ＝トゥアールに向けて投げ大喝した。

血なまぐささに恐れおののいたのか、アベルは同じく切腹に立ち会っていた外国局判事・五代友厚《ごだいともあつ》（才助）に中止を要請し、ここで切腹は打ち切りとなり、残り九名は蟄居《ちっきょ》の後、解放となり、十一人の墓は同じ堺市内の宝珠院に置かれることとなった。

十一人の墓標には多くの市民が詰めかけ「ご残念様」と参詣し、生き残った九人には「ご命運様」として、死体を入れるはずであった大甕《かめ》に入って幸運にあやかろうとする者が絶えなかったという記録が残されている。

三菱財閥ゆかりの神社（大阪市西区）

その大甕の行方は知れないが、ともかく商売繁盛の所縁のある稲荷といえど、籤はまずかったなと改めて思いながら、まだ痛みの残る腹をさすりさすり、私は重湯《おもゆ》を啜《すす》った。

ミキサー（大阪市西成区）

現在フリーターで、小説家を目指している赤岩さんから聞いた話。

彼は食材が出てくる小説でデビューしたいと思っていて、毎日大阪の飲食店の記事をブログなどにアップしているそうだ。

これは赤岩さんが、ブログ経由で知り合ったN君と、その友達の大学生と体験したことだという。

「どこに行きたいってN君たちに聞いたら、やっぱり大阪らしい場所で大阪のもん食べたいって言われて。それもディープな場所の方がええっていうし、おまけにN君、ユーチューバーやったんですよ。それやったらもう西成のや●きしかないなって思って案内したんです。この店に行って飲み食いしている映像を流したら絶対バズるやないですか。それに多分ああいう店って東京にない気がするし、案内するなら鉄板やと思いません？」

や●きとは、今池《いまいけ》駅のすぐ側にあるホルモン屋のことで、以前は地元の人が鉄板の周りでビールや缶チューハイを傾けながら、焼き上がるホルモン串を手に談笑している店だったのだけれど、数年前から行列の絶えない大人気の店となってしまった。

切っ掛けはとあるユーチューバーの動画だったとかで、それ以来、真似して並んでホルモンを食べる様子を撮影する人が沢山出てきたらしい。

串は一本八十円。ニンニクがガツンと効いた甘辛いタレをかけながら、大きな鉄板上でコテでギュウギュウ押し付けて焼き、熱々を鉄板の縁で立ったまま口にするスタイルだ。

「や●きの串は無茶苦茶酒に合うんやけど、僕とN君らと行った時はコロナのせいでノンアル飲料しかなかったんです。なんか拍子抜けたから、別の場所に行って、仕切り直して爆弾酒やらを飲んで……どこか分からん場所を、気が付いたら歩いてたんです。

時計見たらまだそんなに遅い時間やなかったのだけ覚えてます。多分八時になるかならんかくらい。

三人で酔い覚ましにぶらぶら歩いてたら、うぃいいいいいんって音がして。

なんやろ？　と見たら、道の真ん中にミキサーが落ちていて、左右に揺れながら稼働してたんです。

中身はオレンジ色っぽくて、暗闇の中やけどミックスジュースみたいな感じで。三人でミキサー見ながら、なんやあれとか言ってて、通り過ぎようとしたら隣におったN君がミキサーをいきなり持ち上げて、蓋を開けたんですよ。

モーター音が止んで、辺りに無茶苦茶南国のとろけるような甘いすごくええ匂いがして。ちょっと飲んでみよかって、気が付いたらN君に言ってたんですよ。で、一口飲んだら脳みそが耳からだらーって溶け出るような美味しさで恍惚《こうこつ》となったんですよ。その様子を見てN君、僕からミキサーをひったくって飲んで、僕も、こっちも飲ませろってなって……口の周りからジュースをだらだら溢《こぼ》しながらミキサーを傾けて三人で回し飲みしたんです。

味は言うても、たぶん伝わらんし、分からんというか。アイスクリームとバターを混ぜて極上の果物を練り込んで液体にしたような、花の蜜に魔法をかけて口の中を、美味しい甘さで一杯になるようにされたとか……上手い言い回しが思いつかないほど、すごく甘くてうまかったんです。

ミキサーの中を指でこそいで舐めたり、服に落ちた雫をちゅーちゅー吸ったり夢中になってました。途中から三人とも全く喋らなくなったんですよ。少しでもこの美味しい液体を一瞬でも長く味わいたいって気持ちしか頭にない状態っていうか、ゾーンに入ってしまったんです。

そして、なんでか急に気を失って、三人ほぼ裸で公園で寝てたんです。

服は財布と鞄と一緒に近くのベンチに畳んで置いてあって、まだ春やったんで寒かったですね。不思議なんは警察署近くの公園やったのに、職質も何もされんかったこと。

三人で寒い寒い言いながら、パンツ穿《は》いてたらN君が急に僕の顔見てこんなこと言い出したんです。『ミキサーあれ、電源どこにも繋がってなかったのに動いとったよな。それとあれ、麻薬とか入ってなかったよな？　俺、中毒になってたらどうしよう』って。

僕もあんなに夢中で得体の知れんもん飲んだという怖さがあったんで、具合悪くなった時に傍になるべく人がおる場所にいた方がいいやろう。それに麻薬の成分とかどうしたらええんか分からんけど、汗とかで体の外に出した方が良いやろうってことで、体も冷えてたしサウナも温泉もある、世界の大温泉スパワールドに行ったんです。

特に三人とも体調の変化もなく、朝までそこにおって、延長料金がかかる前に出口に行って清算済ましたんです。

そしたらN君とその友達が僕に『大阪はやっぱディープですね。むっちゃ酔いました。いやあ楽しかったなあ、あの居酒屋最高でしたね、おつまみが全部沖縄風で……三軒目のあのおかみさんが笑わせようとするの、あれ絶対反則でしたよね』って二人とも、僕が行ってない店の話をしだしたんです。

僕、冗談かと思って『何言うてんのや、そんな店行ってないやん』って言ったら、N君ぎょっとした顔でこっちを見たんです。その横にいたN君の友達も『はい？』みたいな反応で。

その後、や●きやミキサーの話しても、全然記憶が食い違ってて、僕の方が夢でも見たんとちゃうかなって覚えていることを疑うような事態になってしまったんです。

そんなことがあってから、半年くらいして、またN君らが大阪に来たんですよ。まん防（蔓延防止法）明けやったから、飲める店は普通にあったし、あちこち行って、酔い過ぎたなって笑いながら『ミキサーなんやったんやろ？』って話を振ってもやっぱ覚えているのは自分だけやったんです。

でも動物園前の駅からちょっと行った場所の道の真ん中に、またミキサーがあったんです。前みたいに振動はしてなかったし、中身の色が卵のオレンジ色っぽい黄身みたいな色してて。N君がミキサーにふらふら～って近寄っていって。

なんか嫌な感じがしたんで僕、飲むなやってミキサーを蹴ったんです。

そしたら蓋が外れて中身が零《こぼ》れて、液体の中に小動物の死骸っぽい毛とか小さい骨が混じっとって、それ見て『うおっつ』って声出してしまって。

でも、匂いが前と同じで甘い果物みたいなんですよ。

僕は『早く帰ろう、それ前に言うてたミキサーと同じやん。もう行こう、ここおったらアカン気がすんねん』って言ったけど、N君が零れた液体を指に付けて舐めようとして。『やめとけ！』って怒鳴ったんやけど、横にN君の友だちも座って、なんか液体にまた、魅入られているみたいな雰囲気で。怖なって、僕、半分引きずるみたいにして駅の近くまで、大きな体をした男たちを連れていったんですよ。

で、そこで別れたんですけどね。

N君と友達、今度はあのミキサーのこと忘れてないみたいなんやけど、なんかねえ、その話題になると雰囲気が変わるというか、口調とかが、おかしくなるんですよ。

また、まん防が明けたら、三人で飲み歩きしようって約束してるんです。

あれ以来三人で集まったことはないんですけど、同じ面子で大阪で飲み食いしたらあのミキサーまた見るんかなあ……」

踊る少女（東大阪市内某所）

マグロの養殖や、ユニークな宣伝で知られる東大阪市内にあるK大学に通う学生から聞いた話。

時々、芝生の広場で、影のない黒い喪服を着た少女が踊っていることがあるそうだ。そして、その少女の姿を見た日に校舎の上から飛び降りがあるという。でも、人が飛び降りる姿を窓越しに見たり、どさっと重いものが地面に落ちる音がするのに、実際に見るとそこには何もないし、誰もいないという。

時には、それを見た学生が通報して、救急車が出動した時もあったそうだが、やはり飛び降りの形跡は見当たらなかったそうだ。

作家の三輪チサさん主催の「ひらかた怪談サークル」でも、K大学の自殺者の噂がある怪談を聞いた。

この怪談について、インターネットで調べたり、K大学に勤務している教授に何か知らないか聞いてみたが、自殺者の影を見たというような噂は聞いたことがある程度しか、情報を集めることができなかった。

しかし、フェイスブック上で呼びかけてみたところ、同じような少女を見たことがあるという話は聞けた。

彼が見たのは和歌山キャンパスで、何かのパフォーマンスかな？　とバレエのような動きを眺めていたら、首から上だけが風船のように膨《ふく》らみ「えっ？」と思って立ちすくんでいると、ぽんっ！　と音を立てて消えてしまったそうだ。

空襲の夜（大阪市中央区）

現在、東成区在住の東山壽朗さんから聞いた話。

自分自身、どうやって生き延びたのかよく覚えてないんです。

でもね、確か八歳とかそこらやった筈なんですが、その日のことだけよう覚えてるんです。大阪の空襲が酷かった話なんですが、焼夷弾《しょういだん》のあの焼けるにおいだけは一生忘れられません。

焼夷弾の中には、ゼリー状のべたべたする油脂《ゆし》が入ってて、一度発火すると消すのは難しく、服についても取れないし、水の上でも燃え続けます。

顔や腕についたまま、生きたまま焼かれて逃げ惑う人を大勢見ました。

空襲時の写真ってないでしょ。あっても焼けた跡の写真ばっかり。やっぱり記録したらアカンってことになったんか、あまりにもむごすぎて世に出せんのと違うかなあ。

今はビルがにょきにょき建ってる場所も、あの時は黒い焼け焦げの死体が山となってたとか、そういうのはね、年とってボケてきても忘れないですよ。きっと、忘れられないでしょうね、一生。私は祖父母が生き残ったので、なんとかやってこれましたが、孤児も駅に沢山おりましたよ。大阪駅では裸で寝ていた孤児がごろごろいて、餓死者も出ていました。

あの日は、伯母が住んでいる心斎橋の辺りに母と行ったんです。

そして夜に急に警報が鳴って、この世界の終わりみたいな火がそこら中に上がったんです。伯母が濡れた布団を私に被るようにと言い、一緒に走ったんですが、布団が重いし、煙や火の粉が降りかかって視界が悪くって、気が付けば伯母とはぐれてしまったんです。

熱いし、伯母の名前を叫ぶと煙が口に入って煙《けむ》たいし、泣いても周りにいる大人もみんな自分一人が逃げるのに夢中で私のことなんて構ってくれなかった。

それでも、必死で叫んで伯母の顔を探しながら、あまり土地勘のない燃え盛る町を歩いている最中、物すごいものを見たんです。

火の中を白塗りで豪華な着物を纏《まと》った女が、舞ってたんです。髪の毛もきちっと結ってあり、戦中の炎以外に色鮮やかなものが殆どない世界で、それは本当に異質でした。

演目とかは分かりません、でも近くにいた人が一人、二人と立ち止まり『梅川《うめがわ》や』と言っていたので、ずっと後に調べて、多分『冥途《めいど》の飛脚《ひきゃく》』だろうということが分かりました。

しばらく炎が轟々《ごうごう》と上がり、熱風で体中が痛いほど炙《あぶ》られているのにその姿を見ていて、瓦屋根か何かが焼けて落ちる大きな音がして、そっちを向いて目を戻すとそこには何もなかったんです。

さっきまで近くにいた大人の見物人も散り散りになっていて、これはいよいよ危ないなとなって、無我夢中で逃げて、逃げて、伯母の名前を叫び続けて、気が付いたら煤《すす》と煙の上がる開けた場所に一人で佇《たたず》んでいました。熱で喉も体もヒリヒリして、頬は火傷《やけど》してじくじく痛んで。今もここ、目の下から首のあたりの皮膚が、黒ずんでるでしょ。その時の痕なんです

そこからどうしたのか記憶にないんですが、家に戻り、伯母から便りが届いてお互いの無事を知ったんです。母はその時は生きてたんですが、別の空襲でやられました。

遺体は見つかりませんでしたね。その他大勢の死者のうちの一人です。

私は母に、空襲で逃げ惑っていた時に見た、不思議な舞を舞っていた人の話をしたん

です。

母は私の気が動転していたと思ったのか、関心がなかったのか、特に何か言った記憶はないんですが、別の日に伯母が家に来た時、同じ話をしたら、それは中村魅車《なかむらかいしゃ》だろうと言い出したんです。

子供やったんで、役者とか詳しくなかったんですが、当時そういう歌舞伎役者さんがおって、女形で大変有名な方やったらしいんです。中村魅車は、自宅の防空壕の中で孫を抱きしめた姿のままで、焼死した姿を見つけられています。

ただ、どうして私の話を聞いただけで、伯母がそれを中村魅車だと言ったのかは分かりません。

ふっとした瞬間にあの、業火《ごうか》に包まれた町と、逃げ惑う時の心細さ、そしてあの炎の中で妖艶に舞っていた人の姿を思い出すことがあります。

夢や記憶違いかなと思うこともあるんですが、歌舞伎なんて当時私は見たことさえなかったですし、知らないものを子供が極限状態だったとはいえ見るかなと。

だから、おそらくあれが中村魅車の亡霊だったかどうかは分かりませんが、私は空襲の夜に確かに見たのではないかと思います。

飛田新地の龍（大阪市西成区）

東京から来た編集者さんが、一度飛田新地に行ってみたいというので昼過ぎに案内した。

「思っていたより平和で普通の場所ですね、大阪なのに」

一体大阪をどんな土地だと思っているのだろうと思いながら、適当に相槌《あいづち》を打ちながら歩いていると、飛田新地料理組合の玄関先にある白龍《はくりゅう》大明神に差し掛かった。

「龍って何か飛田新地に関係あるんですか？」と編集者さんに質問されたけれど、答えられず「さあ？」と伝えるしかなかった。

さらにしばらく進むと、北門の側に真っ白な大きな鏝絵《こてえ》の龍と、その脇に説明看板がかかっていた。

以前来た時にはなかったような気がするので、新しく作られたものなのだろうか。

「これ、誰が見ても龍ですよね」

「龍ですね」

りんごを見て、りんごですねえと答えるような、まぬけな意味のないやりとりをした後に、看板の説明文を読んだ。

そこには大きな文字で「五龍神結界」と書かれ、その横に金塚《かなづか》、山王、飛田五龍神のお知らせと続いていた。

看板の内容を要約すると、その昔（金塚、山王、飛田）には地域を守る「天龍、金龍、銀龍、白龍、黒龍」の五龍神がいた。

明治末頃までにこの辺りに大きな池があり、池の主と崇められ、天龍、白龍、黒龍の三つの祠を建てて、その信仰のおかげで、大きな災いがないという。

またこの周辺は、良水の湧く井戸や水脈が多くあり、明治から水神《すいじん》を祀ることになり金塚、山王、飛田の五龍神と呼ばれるようになったということだった。

その下に「みーさん（昔の人のお話）」と書かれた部分があり、そちらはこんな内容だった。

【金塚小学校の裏手はその昔、雑木林があり、地域の子供たちは「みーさんがおるから近寄ったらあかん」と聞かされ、立ち入れなかったそうです。みーさんとは、竜神（蛇）を指し、昔からこの土地の守り神として地域の人々から大切にされていました。大正時代、小学校の校舎建築が計画され、この地にあった大池を埋め立てる工事が始まると、石垣が崩れ、校長先生が亡くなり、大けがをする人が出るなど不幸が重なったため、大蛇（竜）のほこらを作って供養したところ治まったと言われています。ほこらには「白竜さん、天竜さん、金竜さん、銀竜さん」が祀られ、生卵を供えて手を合わせるのが日常の風景だったそうです。そんな歴史の上に今の金塚小学校があるのですね。】（原文ママ）

「なんかすごい内容ですね、校長先生が龍の祟りで殺されたかも知れないわけでしょ、祠を壊したから。みーさんの信仰って初めて知ったんですが、大阪のあちこちにあるんですか？」

「詳しくはないけれど、北区の中崎町《なかざきちょう》に白い蛇が今も住んでいる、龍神の祠がありますよ。他にもみーさん（龍神）が宿る神木が市内に数か所ありますし、特別に珍しいってことは多分ないと思いますね」

「へえー、なんかすごいですね。写真撮影していいですかね？」

編集者さんが鞄からカメラを出し、あちこちを撮影していると、小走りで和服姿の女性が走って来た。近くにある料理屋の女将《おかみ》さんだろうか。

「この辺りは撮影に敏感な人が多いし、男衆に見つかるとようないから、やめといた方がええよ。それに女の人が歩いていると、気にしはる男のお客さんも多いから」

女性はそう教えてくれた。

ついでと思い、龍神について尋ねるとこんな話が聞けた。

「詳しくはないけれど、近くのお寺の住職の枕元に、五匹の龍が出て来てなんや色々とお願いしはったみたい。それで古い資料を調べたら、本当に五匹の龍が祀られてたとかが分かって、あの夢は意味があったんやってことで、日本一の鏝絵職人を呼んで龍をこさえたり、この案内看板やらを作ったみたいよ」

「夢のお告げですか……」

「それ以上のことはよう知らんけど、本当に夢を見たらしい。それと、五匹のうちの龍の一匹は綺麗な女の人に化けられたとかで、料理屋で客を取って店を助けたなんて話もあったとか」

「鬼滅の刃で、鬼の棲む遊郭の話があったけれど、龍の棲む料理屋かあ……」

「ここは遊郭とちゃうけどね」

そういったやりとりをし、面白い話を聞けたお礼を伝えて、その後、新大阪駅で編集者さんとは別れた。

この記事を書き終えた直後、ＵＦＯを呼ぶバンド「エンバーン」のリーダーのケイタタさんからＴｗｉｔｔｅｒのＤＭで、飛田の龍神に纏わる記事が送られてきた。

このタイミングの良さにビックリし、そしてサイトの記事には飛田新地付近で祀られていた龍について、女将さんらしき人から聞いた話とは内容がやや異なり、私が知らないことも沢山載っていた。

なので、ケイタタさんの記事に興味がある人は「新今宮《しんいまみや》ワンダーランド」のサイトで是非読んでみて欲しい。（山王・金塚・飛田の龍神：新今宮ワンダーランド shin-imamiya-osaka.com）

街歩きをするだけで、思わぬ伝承や怪談に出くわすことがある。

大阪の街には私の知らない話がまだまだありそうだ。

メリーさんの館かも知れない家（大阪府池田市）

メリーさんの館という怪談がある。

内容は、兵庫県神戸市の六甲山のどこかに「メリーさんの館」と呼ばれる怪人の住む家があるという情報を知った若者二人が、六甲山をドライブに行くついでにそこを見つけてやろうということになった。車を路肩に停め、夜に二人で山を彷徨《さまよ》っていると、しばらくしてぼろぼろの西洋館を見つけた。

建物の中は異様に白く明るく、階段の踊り場の壁際に羊頭の剥製《はくせい》が飾られていた。

二人は階段で二階に上がり、部屋に入るとドアが独りでに閉まった。

そして、いつの間にか、真っ白な目をした白人の子供たちに囲まれていることに気が付き、その瞬間若者の意識は飛び、目を覚ますと病院のベッドに寝かされていたという。

色んなバージョンがあるらしいのだけれど、大まかにまとめるとこんな内容だと思う。

この館を探している人は何故か多く、元は神戸に住んでいたドイツ人の療養所で、そこで亡くなった子供の幽霊が正体だという説や、ドイツ軍がかつて使っていたホテルが元だとか、いろんな話がある。

ただ、どれも兵庫県の話なので、これは「大阪怪談」の取材ですからと伝えると、Ｚｏｏｍの画面越しに井上さんは「いやいやいや、あれ、僕は大阪にあると思います」と言って語り出した。

「わたしが小学生くらいの頃にね、池田市にある五月山《さつきやま》に家族でハイキングに出かけたんです。確か、紅葉シーズンだった記憶があるので、行ったのは秋ですね。

お弁当食べてから、わたしは親に、ちょっと探検行ってくるだか、なんか言って辺りを散策しに行ったんです。五月山は幼稚園の年長の時から何度も来ていたし、よく知ってる山なんで迷うことはないと思ってたんですが、普通にまっすぐの山道を歩いていたはずなのに、どこか少し違うんですよ。

迷子になってしまったのかなと不安になっていたら『どうしたん？』って同い年くらいの男の子に声かけられたんです。顔とかはよく覚えていないんですが、黒っぽい服でピアノの発表会だかに着ていくような、山歩きには相応《ふさわ》しくないフリルの付いたシャツと、七五三の時のズボンみたいなのを穿いていた記憶があるんです。この子についていけば大丈夫そうだなと思って、ベンチのある広場の場所を聞いたら、その前に猫を探してるから一緒に来てって頼まれたんです。

わたしは、近くならいいよって返事を多分したと思うんですが、そこからなんでか、小さな真っ白な四角い箱みたいな洋館の前まで、その子に連れていかれたんです。

白い家は外に窓もなくって、腰をかがめないと入れないほど小さな入り口で、中に入ると後ろ向きに座った女性がいました。

年配なのか、くの字に腰が曲がっていて、小刻みに震えていたように覚えてます。入り口は狭かったが中は細長く奥行があって。男の子はすぐ横にいて、猫のことを聞かなくちゃと思ったが声が出なくって。

『あたしのメリーを探しに来たの？』と、可愛い少女のような声を出して老婆が振り返って、驚いたんです。顔はべったりと白く塗られ、その上にはセロテープで一杯虫が貼り付けられていた。そして小さな字で何か色々書かれていて。

お経のようにも見えたけれど、どんな文字だったかは覚えてないですね。その上、額にくっついていたのはヤスデに似た虫で、まだ生きていて、うぞうぞと動いてました。

得体の知れない物をいきなり見た衝撃で固まっていたら『ねえ、こっち来て』とメリーさんに手を取られて、すごい力でぐいと引っ張られたんです。そしたら急に声が出せるようになったんで、途切れることのない悲鳴を上げたまま、腕を振り払って白い家から逃げ、親の元に必死で戻りました。

息を荒げて戻ってきた、ただならぬ様子の息子の姿を見て、両親は変質者にいたずらでもされたかと思ったらしいです。

わたしは出会った男の子や、白い家やメリーさんのことを話したら、そういう恰好の変質者が子供を利用してわたしをおびき寄せたと、親は理解したみたいで、当時は携帯電話もなかったんで、山を下りてすぐに交番に駆け込みました。

警察官の前でしどろもどろにあったことを話して、そうしたら落ち着かせようと思ってか、警察官の人が全然関係のない近所におる犬の話をしだしたんです。

で、ハンカチ蝶々を作ってくれて、何か話して調査は終わり、あの感じだと警察官はいい人だけど、わたしの話は信じていないんだろうなという気がして、がっかりしました。

それから数か月した頃に、親が共働きだったので、家で留守番をしているとインターフォンがなって、応答のボタンを押してないのに『メリーだけど、あなた、お忘れ物があったでしょう』って声が聞こえたんです。

怖くなって、走って布団に潜り込んで、震えながら親が帰ってくるのを待ってました。

その時は、親に言っても信じてくれないだろうし、騒ぎになるのも面倒くさいし、警察官とまた話をしたくなかったのもあって、このインターフォンのメリーさんのことは、わたしは誰にも言いませんでした。

それから少ししてから、母の妊娠が分かり、今の家だと手狭だということで引っ越すことになりました。

妹が生まれてからは、母も仕事を辞めて家にいてくれるようになったし、白い顔の怪人のことも記憶が薄れたせいもあり怖くなっていきました。

ある日、妹が部屋で白いキューブ形の積み木で遊んでいて、それを見てわたしは心の中で、あの五月山で見たメリーさんの館に似てるなと思っていると、インターフォンが鳴って、母が出ると部屋に『メリーだけど』ってインターフォンからじゃなくって電燈の上の辺りから聞こえてきて。

母とわたしが天井を見上げたら、あの、虫が貼り付いた顔が、天井に、ハッキリあったんです。

母は妹の方に行って、ぎゅっと抱き寄せて、それを見て母も見えていたんだって分かったのと、赤ちゃんの妹の方が、わたしより大事なんだなっていうのを露骨に感じた気がして、少し複雑でしたね。

顔はすぐに消えて『お母さん。あれ』と言ったら、『思い出したくないからやめて』と怒られて、そこから母が怒鳴って驚いたのか、妹が泣いてそれ以上話題にできませんでした。

それから、高校の時に五月山に登って、そういえばあの館って山のどの辺りだろうって探したんです。

そしたら運悪く、牙のするどい猪に出くわしてしまい、あんなのにやられたら死ぬなって思って、それ以上調べられなかったんです。

その後も何度か、山であの白いキューブ形のメリーさんの館を探してますが、未だに見つからないんですよ。

でも確かに見たし、中にも入ったんで。あれは取り壊されていない限り、今も五月山にある筈ですよ」

カーブミラー（大阪府東大阪市）

長瀬《ながせ》駅近くのカーブミラーで、今年四歳になるというA君はかならず立ち止まり、指をさして数分間何をやっても動かなくなる。

「どうしたの？」

母親が聞いても答えない。

幼稚園の先生によると、それくらいの年頃の子供にはよくあることだというので、交通事故にだけ気を付けて特に行動を咎めたりしないで、見守ってあげてくださいということだった。

その日もいつものようにA君は立ち止まり、カーブミラーを指さした。

母親は今日もかと思いながら、SNSでもチェックしようかなと、携帯電話を取り出すと、A君が火がついたように泣きだした。

「どうしたの？」と母親が訊くと「おさかな、おさかな」と言う。

意味が分からないと思いながら、カーブミラーを見るとそこには魚の鱗《うろこ》らしきものがびっしりと付いていて、血曇りのような模様もあった。

それ以来、A君はそのカーブミラーのある道に差し掛かるだけで嫌がるようになり、遠回りしなくちゃいけないせいで、登下校が大変になってしまったと母親から聞いた。

らせん（大阪市港区）

港区の弁天町《べんてんちょう》に、らせん階段が備え付けられている雑居ビルがあった。

そこにテナントとして入っていて、バーを経営していたという金田さんから聞いた話。

居抜きで綺麗だったし、場所もそんなに悪くないのに、かなり家賃が安くって。事故物件かなと思って調べたけど、そんな情報はないし、不動産屋に訊いても、そういうのじゃないけれど、テナントの数がビル内に少ないからか集客が難しいので安いって説明をされてね。当時若かったせいもあるけど、とにかく店をやりたかったんだよね。脱サラして、人に使われるのなんてもうゴメンだって思ってて。

開業資金もそこまで潤沢《じゅんたく》じゃなかったし、金を借りるのも嫌でさ、そうなると選択肢も多くなくって。だから、そこでもういいやって思って借りちゃったんです。

運が良かったのか、素人がやりだした店にしてはスタートダッシュは順調で、すぐにそれなりにお客さんも来て、リピーターもそこそこいたんです。でもね、その物件、幽霊が出たんですよ。

カンカンとヒールや靴で誰かが上がる音が、深夜になると、らせん階段の方から聞こえてくるんです。

店が非常口の横でね、よく響いて聞こえてきて煩いなあって、階段を見に行っても誰もいない。

でも、ヒールや靴の音だけカンカンと聞こえ続けてるんです。

階段の途中に何か結び付けてあって、それが風にあおられて音を出してるんじゃないかとか、物がぶつかってんのかって調べても何も見つからない。

気味が悪いから、あのらせん階段から夜間に騒音がするのでどうにかしてくださいって管理会社に伝えても「分かりました」って言うだけで、何もしてくれなくって。

仕方ないから、塩置いたり店の中にお守り置いたり、客がいないタイミングでらせん階段に向かって「うっさいねん！」って叫んだりもしたけど効果なかったですね。

ある日、深夜の三時過ぎくらいに、ふらっとお客さんが来たことがあって、店の中をきょろきょろと見回した後、カウンターに座って俯《うつむ》いてるんですよ。うち閉店時間が四時だったんで片付けしながら、キッチンも火を落としてるから飲み物しかないけどいいですかって訊いたら、その人なんでもいいですって言ってから、ここにいて大丈夫なんですか？　って僕の顔見て言い始めたんです。

最初、閉店間際なのに店にいてもいいんですかって意味で、僕に質問したと思って、好きなだけいていいですよって返事したら、きょとんとした顔をされて。どうも会話がかみ合わないなと思って色々と話したら、ここにテナントとして入っていて平気ですかって意味で訊いたらしいんですよ。その人ね、僕の前にここを借りてたみたいで、同じようにバーやってたらしいんです。

僕と違ってカラオケを置いていて、バーよりスナックみたいな感じだったそうなんですが、その人がテナントで入っていた時に、座席が雨漏りもしていないのに湿っていたり、カラオケからギィイって金属音が鳴って、機械の故障と思って調べても何もないとかそういうのが続いて、気味悪くなってしまったらしいんです。

そのうえ、らせん階段から夜になると、鼻歌が聞こえて、それが一番いやだったと言ってました。

気になるほどの音の大きさじゃないけれど、夜に一時間も二時間もらせん階段からふふふ～～んって聞こえ続けて、階段を見ても誰もいない。で、なんでかそのらせん階段、錆《さび》も酷く浮いてたし、消防署からも注意をうけていて、撤去しないといけない状態なのに、今のオーナーが元のオーナーの息子さんで、できる限りらせん階段を残しておいてと遺言があるとかで、現状維持したいと言われていたそうです。

その人も僕と同じように階段に塩を置いたり色々とやってたみたいです。でも、なんかそういうことするのも嫌になって、店を閉じて出てったらしいんです。

その話を聞いて、僕もらせん階段から音がするって伝えたら、こんなところ早く出た方がいいですよって言われて。

家賃の安さは魅力だったけれど、不気味な物件にこだわる必要もないし、客商売として軌道にある程度乗って、自信もついてたんで、その話だけが切っ掛けじゃないんですが、移転しようって決めたんです。

そうして別の場所で店やったらね、お客は来ないし、たまに来ても一杯だけで二時間制やって言うのに閉店までねばる客とか、店内で嘔吐したり、備え付けのもんを壊すとか客層が悪くなってもうあかんなと思って閉めました。

一度やってみて、納得もできたんでそこから再就職先をハロワで探して見つけて、今も何度か転職をしたけれど、サラリーマンを続けてます。

それでね、あのらせん階段のある店、けったいな物件やったけど後で思い返したら、悪くなかったなって。

幽霊がもしかしたら客引きとか手伝ってくれてたり、嫌な客は来ないようにしてくれたんかも知れんね。そういう幽霊だかお化けの居場所がらせん階段だったから、前のオーナーは撤去するなと言ってたんと違うかなって思ってます。

きもだめし（大阪府豊能郡）

和泉市在住の、翻訳者の大村一未さんから聞いた話。


かなり昔、私が大学生の頃にあったことなんです。

私、怖いものが大好きで、大阪府内にある妙見山《みょうけんさん》にあった、野間《のま》峠のバス停近くにある廃車の座席に夜座ると、何か恐ろしいことが起きるという噂をインターネットで見かけて、面白そうだからきもだめしに行こうよって友達に声をかけたんです。その子も怖いもの好きって聞いていたから誘ったんだけど、女二人だと変なのに絡まれたりして、そういう別の意味で怖い思いはしたくないって言われて、だからその子の彼氏のだいすけ君も一緒に来ることになったんです。

お盆前の時期で、だいすけ君の借りて来たレンタカーに乗って行って、途中で事故の影響で、大渋滞があったせいで野間峠に着いたのは結構遅い時間になってしまって。

確か何も食べないで着いたから、三人ともお腹空《す》いたねって話ばかりしていて。

目当ての廃車の前で、ピースポーズで写真を撮影しました。そして、虫が沢山いたから虫よけスプレーをお互いにかけてから、順番に廃車の座席に座ろうっていうことになったんです。

シートはスプリングも飛び出ていたし、黄色いウレタンの部分に黴《かび》も生えていて、とっても汚れていたんで、私は服が汚れるのが嫌で、座席には座らず中腰でハンドルだけちょっと握ってすぐに外に出ました。ハンドルはちょっと握っただけなのに、手が汚れで真っ黒になってしまって。

こんな所に座っても、お尻が痛くなるとか、手が汚れるとかくらいしか、起こることってないよねとか言って、それから次に友達が座って、最後にだいすけ君が座ったんです。

彼はハンドルを握ったら急に「ぶうんぶるんぶるんぶるうううん」と涎《よだれ》を垂らしながらエンジン音みたいな声を出し始めて、目も虚《うつ》ろになったんです。

友達が、そんな彼の様子を見て「ねえ冗談やめてよ、車から降りようよ」と呼びかけてもずっと「ぶるるるうん」ってエンジン音の真似をやめないんです。

私も「ねえ、もうお腹空いたし帰りたいから、それくらいにしません？」と声をかけたら、だいすけ君の口の中に、小さい子供の顔がチラッと見えたんです。

「ぎゃあああああ」って叫んで二人で逃げて、乗って来た車に戻って彼女と手を取り合って震えてたら、だいすけ君が来たんです。

車でのことを訊くと、ごめんふざけてって言って、別に態度も普通でその後それぞれの家まで送ってくれました。

口の中の顔は見間違えだったのかな、怖い噂を事前に読んでいた思い込みからかもなと思って寝ていたら、朝方に友達から、携帯電話にこんな文面のメールが届いたんです。

「きもだめし行ったら、だいすけ君狂った。もう連絡しないでください。学校にも行きません」

返信しても、何も返って来ないし、それ以来、あの二人を見かけたことないんです。

同じ町内で同じ大学に通っていたから、前は頻繁《ひんぱん》にお互いを見かけることがあったのに。

あの廃車へのきもだめしに誘ったことで、友達を失ってしまったのかなと未だに本当に後悔しています。

夢で見る（大阪府茨木市）

十五分ほど、ぱぱっと喋らせて下さい。

怪談らしい怪談じゃないんですが……と言って、TwitterのスペースでRさんから聞いた話。

「忍頂寺《にんちょうじ》というお寺が茨木市《いばらきし》にあります。その寺には、こんな話が伝わっているんです。

かなり昔、忍頂寺のある竜王山《りゅうおうざん》で厳しい山籠《やまご》もりの修行によって、雨ごいの修法を身に付けた源因という僧がいました。

彼は数十日間にも及ぶ、厳しい苦行を山で行っている最中に観音様が現れ、死期が分かる夢のお告げ、つまり夢告《むこく》を受けました。

源因は、これは極楽浄土《ごくらくじょうど》に旅立てるという、死期の夢告に違いないと思ったんで、さらに厳しい修行に励み、夜も殆ど眠ることなく念仏を唱え続けることにしました。

でも、夢告の期日が一年以上過ぎても、僧の元に死は訪れませんでした。

これは魔に欺《あざむ》かれたに違いないやろと源因は思って、寺院と纏っている衣に火をつけ燃え盛る炎の中で念仏を唱え続けて、彼にとって念願の死をやっと迎えることができました。雨ごいが巧みな僧だったからか、火が山の木々に燃え移りそうになったところ、急に空が黒雲に覆われ、激しい雨が降って火を消し去ってしまったそうです。

燃えた後の寺院からは、座した姿のままの源因が炭となっていて、寺の梁《はり》や柱は僧を避けるように崩れ落ちていました。

と、いうような話なんですが、そこに行って夢を見ると、死ぬ時期を教えてくれるっていう噂があるんです。

僕の友達が難病で、とても副作用が強い薬を服用していたんです。それで、そいつが僕に、一生のお願いやから死ぬ時期を夢で知りたいから忍頂寺に連れてってくれって言うんで。どう返事したらいいか分かんなかったんですけど、相手が本気で望んでるっていうのが分かったから、車で行ったんです。

少しの振動でもかなり辛そうで、クラクションをいっぱい周りの車から鳴らされたけど、のろのろ運転で時間かけて寺に行きました。

寺は再建されていたから古いのと違ったんですけど、あいつは、ふらふらになりながら車から降りて、すごい嬉しそうな顔してました。

それでお参りして、帰りに車で揺られる間に、そいつ夢を見たらしいんです。内容が、あと二十日したら死ぬと、黒いボロボロの僧衣の男に夢の中で言われたらしいんです。

僕、そんなん夢やろ、気にしないで長生きしようやとか、治る病気やろって言ったんです。そうしたら、泣きそうな顔で、お前は苦しいのを知らんからそんなん言えるんや。でも、ゴールが分かってると楽やな。もう少し闘える。連れてってくれてありがとう。お前は本当の友人やなって言ってくれたんです。

それから、それから……そいつが言うた夢で見た日に、本当に死んでしまいました……。では、失礼します」


どう声をかけていいか分からず、私はただRさんの発言を聞いていた。

そして、スペースから落ちた後にRさんにダイレクトメールで詳細や追加取材について持ちかけたところ、思っていたより話していて気持ちの整理できたこともあるけれど、しんどかったので、話したことをそのまま載せるだけにしてくださいということだった。

なので、なるべく加筆も削除もせずに、分かり難い時系列部分などを少しいじるだけで、この話は載せることに決めた。

怪談は死に触れる内容が多く、私は取材中に戸惑ってしまうことも多いし、整理して書けばいいのか分からず、そのままになってしまっている怪談話も多くある。

以前とある番組に出演した時に「隠している怪談はありますか？」「人に言えない怪談やとっておきの怪談はありますか？」という質問を受けたことがある、自分の中で整理がつかず出せないままでいる怪談の数はとても多い。

どうして怪談を書くのか、聞くのは何故か、語る人は何を思っているか。それを考え探りながら、私はこの先も怪談を収集し続けていくだろう。

個人的に怪談にはただ、怖がり恐れる気持ちを楽しむだけでなく、鎮魂や記憶の継承の意味合いがあると思っている。

シミ（大阪府東大阪市）

代表作に『竜馬《りょうま》がゆく』を持つ、小説家の司馬遼太郎《しばりょうたろう》の作品や蔵書を集めた「司馬遼太郎記念館」が東大阪市にある。

その建物内の天井に、オープンして間もない頃、急に濃いシミが現れ始め、あの教科書などでよく知られた、写真に残る坂本龍馬の姿そっくりになった。

そのことが話題となって新聞記事にもなり、中には遠方からわざわざ龍馬のシミを見るために記念館を訪れる人がいるという。

しかも新たに坂本龍馬のシミの横に妻のおりょう（楢崎龍《ならさきりょう》）のようなシミまで現れたらしく、司馬遼太郎記念館の怪奇現象ということで、テレビなどでも大きく報道された。

本当にそんなシミがあるのかと思って実際に見に行ってみたところ、肩と首の線から上の顔が確かにくっきりとそれらしきシミが天井にあった。

「安藤忠雄の設計で、龍馬伝の放送がＮＨＫで始まった頃に浮き出始めたらしいですよ。

雨漏りしているわけでなし、何故こんなシミが浮き出てきたのかは謎みたいですね」

という話を記念館内で教えてくれた人がいたので、ついでにおかしい人と思われるかなと緊張しながら、この辺りに怖い話や不思議な話が残る場所はないかと聞いてみた。

「枚岡《ひらおか》神社でしょうか。今日はもう遅いんで、行くのはお勧めしませんが『姥《うば》が池《いけ》』や『首洗いの井戸』があるでしょ。神社の拝殿から上がったとこの『神津嶽《かみつだけ》』は、確か昭和の五十六年頃までは禁足地で足を踏み入れたら、藪《やぶ》に腿《もも》を突かれると聞いたことがありますわ。

他にも不思議な話といえば、千手寺《せんじゅうじ》の千手観音像でしょうか。あの観音像は、惟喬《これたか》親王《しんのう》の乱で本尊焼失の際にみずから深野池《ふこのいけ》に飛び込み難を逃れたそうで。火事が収まった後に、在原業平《ありわらのなりひら》が、池の中が眩《まばゆ》く輝いていたので覗き込んで、千手観音像を見つけることができたそうですが」

「ああ、姥が池って東大阪にあったんですね。知らなかったです」

姥が池にはこんな伝承が残っている。

枚岡神社の燈籠《とうろう》の油が毎夜なくなるので、何故だと不思議に思って近隣の若者たちが調べたところ老婆が盗んでいた。

生活苦ゆえの行動と知り、若者たちは老婆の盗みを咎《とが》めず、これっきりにするようにと忠告だけし、立ち去っていった。

しかし、盗みがばれたことの恥ずかしさに耐えられず、老婆は神社内の池に身投げして死んでしまった。それ以来、池は姥が池と呼ばれるようになり、雨の夜になると池に青白い火の玉を口から吐く老婆の首が宙を漂うようになった。

姥が池の老婆の姿の青白い炎は姥が火と呼ばれ、火が人の肩をかすめて飛び去ると、その人は三年以内に亡くなってしまったという。

「そうですか。池は首洗いの井戸から離れた場所にありますよ。首洗いの井戸は、武将・楠木《くすのき》正成《まさしげ》の子の正行《まさつら》が足利尊氏《あしかがたかうじ》と戦って敗れて、自害。その首が洗われたと言われていて、そこに怨念が宿っているせいで、怨霊が今も出るという噂です。でも今はコンクリートの井戸で何度も行ってるけど、一度も武将の幽霊なんか見たことありません。鎌倉武士に一度、幽霊でええから会ってみたいんですけどね。こういう話が好きやったら、良かったら時々メール下さい」

メールアドレスの書かれた紙を貰い、早速その場でお礼のメールを送った。

記念館の中にはカフェがあり、司馬遼太郎の作品を楽しみながらお茶することができる。庭には、司馬遼太郎が愛した植物が植わっている。あまり縁がなく訪れる機会のなかった東大阪だったが、十分に楽しむことができた。

後日、坂本龍馬のシミを携帯電話の待ち受け画像に設定していると、夢で龍馬に会えるという噂があると知った。

試しに、待ち受けにしてみたが、残念ながら私の夢には龍馬は現れてはくれなかった。

暗がり峠の怪奇譚（大阪府東大阪市）

以前、「司馬遼太郎記念館」で坂本龍馬のシミのある場所で話を交わした方が、東大阪にある暗がり峠に伝わる話を教えてくれた。

「現在でも急な坂が多く、暗がり峠は難所として知られています。確かテレビのバラエティ番組の『探偵！　ナイトスクープ』が調べたところ、世界で一番きついギネス記録の坂の傾斜は二十二度。しかし暗闇峠の傾斜は二十六度。ギネス認定より急な坂道なんですな。車で登るのでも大変で、しかも生い茂る木々が日の光を遮《さえぎ》っていて昼でも薄暗い。つづら折りの急勾配で、人もあんまりおらんでしょ。だからか、色んな変な話が今も昔も暗がり峠には伝わってます。

例えば、昭和四十年の頃、夏に暗がり峠を上がってたら、鼻を突きさすような生臭い空気が充満していて、もしや軍が埋めた毒ガスでも漏れたかと思って目鼻を手ぬぐいで覆って、なるべく息をしないように来た道を下り始めようとした時に、背後からうなり声が聞こえてきたので、振り返るとそこには読経《どきょう》する鯖《さば》が道いっぱいに落ちていた。

しかもその鯖は目が白くにごり、腹から黒い溶けかけた内臓が垂れていた。悪臭はガスではなく、これだったかと思い、鯖が呟く念仏を聞きながら峠を下ったという人がおったそうです。

もう一つは、時期は分からんのですが、おそらくかなり古い話です。

乳飲《ちの》み子を抱えた母親が、暗がり峠の急所に差し掛かる前に、腰を下ろして水を飲み、しばらく休んだ。そして子に乳をあげていたら、急に子の口内に歯が生え始め、乳房を強く噛み、乳首をやがて千切り取ってしまった。母親はあまりの痛みに思わず子を落としてしまうと、まだ首も座っていないというのに、子は四つん這いになり、獣のように這って藪に消えていった。

母親は子の名前を呼び、胸から血を滲《にじ》ませながら歩いていると、旅の僧と出会った。母親は、今までの経緯を話すと、僧はそれは子が彷徨《さまよ》う鬼に憑かれたのだろうと説いた。母は僧にその場で髪を下ろして貰い、仏門に入ったそうな」

二つの不思議な暗がり峠の話を聞き、私はどこでそういった話を聞いたのですかと質問をしてみた。

するとどこで聞いたかは覚えておらず、昔から知っている話で、民話のようにそういう不思議な土地に纏わる話が好きな人の間で知られているということだった。

「もう少しお話ししましょうか。弓削道鏡《ゆげのどうきょう》の命で、和気清麻呂《わけのきよまろ》が流刑《るけい》に処されることに決まりました。そして流刑の途中、人通りのない峠で暗殺せよとの伝令が下り、暗殺者が峠脇の藪に潜み、清麻呂が通りかかるのを今か今かと待ち構えていたのです。ところが俄《にわ》かに雷雲が湧き上がり、一寸《いっすん》先も見通せないほどの雨が天から降り注いだ。闇夜のように雨のせいで暗くなった峠で、暗殺を遂行することができず、清麻呂は難を免れることができ、それ以来暗がり峠と呼ばれるようになったという謂《いわ》れがあります。

それと、昔、暗がり峠に虎がおったという話が伝わってるんです。

峠の近くにあった山寺に絵を描くのが大層好きな小坊主さんがいまして、ちょっとでも手が空《あ》いたら、何かを描いている。紙が貴重な時代やったもんやから、空に指先で描くこともあれば枝で地面に描いたり、指先を濡らして床にすいすいと描くこともあった。

上手い絵を描くので、それを見て周りの小僧さんや、お参りに来る檀家さんらも感心して、うまいもんだと沢山誉めていたらしい。

だけども、どういうわけかある日から、虎の絵しか描かないようになってしまい、来る日も来る日も虎の絵を何かに取り憑かれたように小僧さんは描き続けた。これはあかんと和尚さんが、しばらく虎の絵を描くことを禁じてしまいました。

すると、小僧さんは、絵をぱったりと描かなくなり、食も細くなりどんどん痩せて、餓鬼《がき》のような姿になってしまった。そして寝込み、今日か明日かという命だと寺のみなが覚悟した時、布団の中で小僧さんの目がピカッと光り、大きな虎に変じてその場にいた和尚の喉に齧《かじ》り付き、死体を咥えたまま寺の外に出ていきました。

それ以来、暗がり峠は虎がいる。そして、ぴちゃぴちゃと液体を舐めるような音がして、見てみるとそこには、血で描かれた大きな虎の絵が峠の道に広がっていることがあったそうですよ。険しい道で、追剥《おいはぎ》も多い難所だからか、こんな伝説が残っているのかも知れませんね。こういうお話が好きでしたらまた聞きに来てください」

今もこの人とは時々、こういった不思議な話を聞きにやりとりをしているので、またどこかで披露することもあるかも知れない。

富田林のふしぎな話（大阪府富田林市）

富田林《とんだばやし》市にお住まいの山口佐波さん。

彼女は以前「とんだむかしがたり会」という会で、富田林に伝わる様々な話を伝える活動をされていたのだという。

そんな彼女からペパーミント色のインクで書かれた美しい葉書をいただいたのは、夏の終わりの頃だった。

私がミミズがのたくったような文字の返事を書くと、色々とお伝えしたい話があるのだけれど、ご時勢的に厳しく、足が悪いので、ネットを通じて知っていることをお伝えしたいという内容の手紙をいただいた。

後日、Ｚｏｏｍ取材で画面越しにお会いした山口さんは、薄い紫色に白い絣《かすり》のような模様の入ったサマーセーターを羽織っていて、鈴を転がすような心地良い声でこんな話を語ってくれた。

「富田林に残る、ちょっと不思議な話をさして貰います。

あのねえ、ちりんさんって神さまをご存じ？　幾つか富田林にありまして、一つは赤い立派な石の碑に『ちりんさん』と大きく白抜きで掘りぬかれていて、由来は分かりません。富田林に住んでいる人の間では謎の多い古い神さまなんです。

他のちりんさんは丸い石で、中には小さなお堂の中に置かれているのもあります。

ちりんさんは、外からの悪い邪気を追い払って人を守ってくれてる、おそらく賽《さい》ノ神であろうという人もおりまして、見た目は可愛らしいんですよ。そんなちりんさんの石なんですが、つるつるしていて子供が抱えて遊ぶのにちょうどいい大きさなんです。

ちりんさんの石を子供が別の場所に移動させても、必ず石は夜の内に元の場所に戻って来るし、ごとりごとりと石が動く様子を見て熱を出す人がいたという話があるんです。

私も小さい頃、外からずりずりと何か重たい物を引きずる音がするから、なんだろうと外を覗こうとしたら、あれはちりんさんが動いて元の場所に戻ろうと一生懸命に動いてはる音やから、見たらあかんと親に注意されたことがあります。あの時、親の注意に従わないで外を見ていたらどうなっていたでしょうね。

さらに、ちりんさんの前を、葬儀の際には絶対に通ってはいけないという決まりがありまして、もし通ってしまったら体の肝から精気を奪われてしまうそうです。他に、廿《つづ》山《やま》地域にある墓に埋葬される方は、ちりんさんに魂を導かれるそうです。

その時に、ちりんちりんと風鈴のような涼しい音がするというんですが、もしかしたらそれが名前の謂われかも知れないですね。私はちりんさんに限らず、古い神様は善も悪もなく、土地をただ見守ってくれている、大きな温かいよく分からんもんと思ってます。もし町を歩いてて、ちりんさんかな？　という石を富田林で見かけたら、昼間は拝んであげて下さい。夜はお散歩していたり、どこかに帰る途中かも知れんから、見ても見てないふりしてあげといて下さいね。

そうせんと、やっぱり古い神様やから、何するか分からんところがありますんで。悪気はなかったとか、ついうっかりとか、そういうのが古い神さんは全く通じないんです。

以前、ちりんさんを蹴とばしてしまった人がおってね、お詫びに餅を供える約束してたんやけど、うっかり忘れてしまってね。夜にトンカチで頭を出鱈目《でたらめ》に殴られてるほどの痛みを感じたんやて。痛み止めを飲んでも全く効かなくって、その人はもしかしたらこれは祟りやないかと思ったらしくって。ふらふらしながら家にあった餅を持っていって、供えて手を合わせてみたの。そうした途端、ピタッと痛みは治まったんですが、その翌年に、急に眠るように自宅で亡くなってしまったんです。

だから、うっかり人智の及ばんもんとうかつに約束とかもしたらあきませんよ。その人ね、亡くなる前の晩に、脇にちりんさんの石を抱えて歩いてるのを何人か見ててね、あれで何か障《さわ》りがあったんじゃないかって噂もあったんです。

それが私の知っている富田林の不思議な話の一つ目。

二つ目は、夫婦塚の話をさせて貰います。やっぱり古い神さまは祟るでしょ。黒主《くろぬし》神社に夫婦の古い神様の塚があって、江戸時代に村の農民たちが田畑を広げようと考えて、その時に塚を壊してならしてしまったの。

すると、土中から黒い大きな夫婦の蛇が出て来て、鋭い歯や牙で農具を噛み砕きながら、村に迫り、それと同時に大火災が発生してしまって、村の面積の半分以上が黒く焼けてしまったそうなの。

それで祟りを鎮めるために、塚を戻して祀っていたらしいんだけれど、明治時代に神社が無くなって、戦争で再建どころじゃなくなってしまって。でも、みんな祟りのことを覚えていたもんだから黒い主さんのためのお社《やしろ》をってことで、再建が決まったタイミングで、夫婦塚の神さまを今の大伴《おおともの》黒主神社の境内に迎え入れたらしいの。

でもね、あそこの神社の神さまもね、ただ手を合わせてお願いするような街中の神さまとは違う、畏《おそ》れ敬《うやま》わないと祟られそうな怖さが未だにちょっとありますね。

三つ目は鬼の目玉の話。

これは私の通っていた学校の先生から聞いたんですけどね、この辺りの洞穴に昔、傷を負った鬼が隠れてて、その傷が元で左の眼が膿《う》んで腐って地面に落ちてしまったの。腐り落ちた目を洞穴から眺めながら、鬼はおいおい泣いて悲しんでいたところ、落ちた目を腐った柿の実と勘違いして、行商の男が足で踏みつぶしてしまって。

鬼は怒り狂って行商人を荷ごと食べてしまおうとしたのだけれど、荷に入っていたのは、摂津高槻《せっつたかつき》藩藩主、永井直期《なおざね》に納める予定の長崎源右衛門《ながさきげんえもん》の鉄砲だったから、さあ大変。鬼が噛みついたら銃が暴発して残された目が射抜かれ、それで行商は助かったという話。

富田林には、こんにゃく橋で酒を奢《おご》られて酔ったところを橋を揺らして川に落とされた鬼の話もあるから、散々やね。こういう話を私、今まで集めて来たんですよ」

山口さんは、最後にこんな話を聞かせてくれた。

「実は、去年兄が亡くなりまして夜伽《よとぎ》を親戚としていたんですが、ちょっと皆さんは家に帰らないといけない事情があるということで、私一人が兄に付きそうことになってしまったんです。

お線香の火を絶やさないように注意しながら、小さい頃の兄との思い出をぼんやりと思い出してましたところ、急に兄の声で落語が聞こえて来たんです。

『えー、今日はですなあ……』というような感じで途切れ途切れで、兄の声でねえ、はっきりと。テープかしらと思って、あちこちを見たんですが録音機らしいものも見当たらない。それに、それほど大きい音ではないし、変ねえと思いながら落語を聞くうちに、そういえば、兄は本当は噺家《はなしか》になりたかったって従妹が随分前に教えてくれたのを思い出したんです。語っていたんは『ちりとてちん』でね、あまり上手な話やなかったけれどね。頑張って語ってるんやなと思って、サゲを聞いた後に立って思いっきり拍手をしたの。

そしたら、お線香の煙がくるくるくるって急に渦を巻いてね。

しばらくしたらもとに戻ったんやけど、あれは嬉しかった、喜んでくれはったんと違うかなって。

私も年寄りやからね、民話や不思議な話だけやなくって身内が亡くなった後のこういう変な体験は沢山あるんです。今日は聞いてくれてありがとう」

画面越しに、山口さんは深々と頭を下げていた。

後日、この話を原稿に起こすために録画していた動画を再生していると、最後の落語の時に「え～実はですねえ」と男の人の声が二か所入っていた。

えっ？　と思って聞きなおすと、確かに小さくではあったが聞き取れた。

山口さんに、お兄さんの声かも知れない音声が入っていましたと伝えたところ「あらまあ、あの人まだ成仏してなかったんですねえ」と呆《あき》れた声で言っていた。

叡福寺の結界石（大阪府南河内郡）

太子町《たいしちょう》の叡福寺《えいふくじ》には聖徳太子霊を祀る聖徳太子御廟所《ごびょうしょ》がある。

その霊廟の周囲には「結界石」と呼ばれる石碑が二重にずらりと並んでおり、その結界石は数えるたびに数が変わると言われている。

「結界石」という名前から祭せられるように、聖徳太子が眠る御廟を魔物から守る役割があるという話もあり、御廟所にはこんな七不思議も伝わっている。

1　樹木が生い茂った御廟内には、松や笹が生えない。
2　鳥が巣を作らない。
3　どんなに大雨が降っても御廟の土が崩れたことはない。
4　御廟を取り巻く結界石は何度数えても数が合わない。
5　メノウ石に太子の御記文が彫られたものが、太子の予言どおりに死後四百三十年後の天喜二年（一〇五四年）に発見された。

6　御廟の西にあるクスノキは、母后《ははきさき》を葬送した時に、太子自らがかついだ棺の轅《ながえ》を挿したものが芽をふき茂った。
7　寛平《かんぴょう》六年（八九四年）、法隆寺の康仁大徳が御廟内を拝見した時、太子の着衣は朽ちていたが、その遺骸は生きているように温かくやわらかだった。

七不思議の真偽はともかく、御廟は今も厳《おごそ》かな気配が漂っている。

蝉しぐれを聞きながら、私も結界石を実際に数えてみたが百を過ぎたあたりで、よく分からなくなったのでやめてしまった。

日差しは肌を焼くように強く、石の上で卵を割れば目玉焼きができてしまいそうなほどの暑さだった。

石を数え飽きてお茶を飲んでいると、御廟に向かって夏の攻撃的な暑さの中、熱心に手を合わせている方がいたので話しかけてみた。

すると、こんな話をしてくれた。

「以前、何気なくこの辺りを散歩していたところ、ある日、廟に縁を感じた気がしたので手を合わせてみたんです。

するとと夜に、廟の周りをぐるりと囲んでいる結界石が、自分の布団をぐるりと囲んでいる夢を見ました。そして、石の一つがぴょんっとこんにゃくのようにしなって飛んで自分のわき腹のあたりにずしんと落ちたので、たまらぬ痛みと重さで目が覚めました。もしやこれは夢を通じた何かのお告げかも……？　と思ったんで、朝一で病院に電話をかけて健康診断を申し込んだんです。

結果、早期の胃がんが見つかり、自覚症状が殆どない状態でこれは運がいいと医師に言われました。

そのがんの見つかった場所が石が乗った場所とほぼ同じだったんで、やはりと思ったんです。太子の墓だけでなく、私の健康も守ってくれたありがたい石ですよ」

そう言って、私に軽く会釈してその人は去って行った。

私ももしやと思い、手を合わせてみたら、その夜、昼間に聞いた話の影響のせいだろうか、四角い石が頭にガンガンとぶつかる夢を見た。

私は飛び起き、色々と心配になったので、都島区にあるＰＥＴ画像診断クリニックに早速脳ドッグを申し込み、３テスラＭＲＩで脳みそをかなり丁寧に見て貰ったのだけれど、何も見つからなかった。

単に石は私に、頭が悪いということを伝えたかっただけかも知れない。

千早赤阪村の怪（大阪府南河内郡）

無限に続くように思われた緊急事態宣言が明けて、やっと対面での怪談会も、ぽつぽつ開催できるようになってきた。

相変わらず集まる人数はかなり少なかったけれど、密にならないし、これはこれで良いかと思っている。

「今から怪談、話していいですか?」

透明なアクリルパネル越しに座る、女性二人のIさんとUさんは従妹同士ということだった。二人ともカーネーションの花弁のようなフリルの沢山付いたロリータファッションに身を包んでいる。

私が、どうぞどうぞと勧めると、Uさんが話し始めた。

「えっと、私たち実はそれぞれ怪談師を目指してるんです。でも、何を話せばいいかとかまだ修行中で、怪談もどうやって集めればいいのかも、あまり分かってなくって。

だから、インターネットで調べて心霊スポットに行ったり、体験したことを纏めて話す練習しようっていうことになって、今日初めて他人の前で話すんです。拙《つたな》い語りだったら、ごめんなさい」

「怪談師を目指してる……？」

怪談師とは、怪談を話すことでお金を得ている人たちのことで、こう呼ぶらしい。

「そうです」

二人は口を揃えてそう言った。

「私は怪談を集めて書いているだけの人間で、語りは素人だしアドバイスはできないですよ。イベントで怪談を話したりもしてるけど、正直、語りは上手くないです。なので、あの、期待してたらごめんなさい！　先に謝っておきます」

「あ、いえ。田辺さん、あの全然そんな風に謝らなくって大丈夫です。人の話を聞くとか参考にしたいとかじゃなくって、人前で喋る練習？　みたいな感じで今日は来たんで」

「そうなんですね。あの、でも正直な話なんですが……怪談師って目指してもそれで食べていくとかは相当厳しいと思いますよ。私よく怪談イベントの主催とかやってますけどだいたい赤字ですし。黒字が出ても、本当にお小遣いレベルというか、数百円程度だったりもしますし……」

「そうなんですか？　でもそれって、田辺さんが有名じゃないからですよね。怪談師で有名になってテレビに出て、イベントやったら全然いけると思いますよ。○○さんなんか一度の怪談ライブでチケット三百とか四百売れるって言ってたし。しかもチケット代四千円とかだったし」

「そんな人がいるんですね。それはすごい‼　っていうかあやかりたい‼」

「そうですよ。怪談でもリッチになってる人がいるんですよ」

その後、怪談に纏わるお金の話でひとしきり盛り上がった後、怪談を話そうということになった。

「田辺さんのおかげでかなり脱線しちゃいました。じゃあ、お話しますね。私たち従妹二人で、南河内郡の千早赤阪村《ちはやあかさかむら》の水越峠《みずこし》に行ったんです。どうしてそこに行ったかというと、インターネット上に色んな怖い話って溢れてるけど、結構作ってるっぽかったり、嘘でしょって話が多いんだけど、ここのはガチっぽい情報が載っていたからなんです。

水越峠は名前の通り、峠を挟んで水の権利をめぐって争いがあったらしいんです。あっ、このあたりはウィキペディアで調べたんですよ。水の権利でもめて、河内の農民が堰《せき》を壊しちゃって峠で磔《はりつけ》になっちゃって、その祟りがずっと続いてたみたいなんです。峠の近くにある、国道三〇九号線水越トンネルも、工事中に大量の古い人骨が出てきて。その後もトンネルでは大規模な火災の事故があったり、ひき逃げ死亡事故とか、連続車両の衝突事故に、車と工事車両の炎上死亡事故、それと親が殺害した児童の遺体をクリスマスに峠に捨てたなんて事件もあったんです」

Uさんの話し方は、陰惨な内容の割にはあっけらかんとしていた。

隣に座るIさんは、そんな彼女に祈りを捧げるような、手をテーブルの上で組んだ姿勢でうんうんと頷きながら聞いている。

「磔になった人がずっとね、『魔』になってたんです。魔が差すとか言うじゃないですか。運が悪いことを間が悪いっていうけど、この『間』ってあいだじゃなくって本当は『魔』だと思うんです。魔が悪い。人って不本意なことで死んでしまうとね、悪い影響を残すんですよ。田辺さん、私調べたんですけどね。水越峠の近くに滝があって祠があるんです。そこは『魔』をかなり避けてるなって行った時に感じたんですよ」

「実際に行かれたんですか?」

「行って動画も撮影したんですよ。運が良くて私たちが行った後に、土砂崩れで今も通行止めになってるんです。滝には名前がついていて、祈りの滝って呼ばれてるんです。その祈りの滝で、当時道路工事をしていた会社の人が、度重なる事故や事件に心を痛めていて、実際に滝に向かって冥福を祈ったんです。そうしたら滝の近くで、偶然仏像を見つけて祠を作ってお祀りしたんです。そうしたらしばらくの間は事故が収まって、工事も済んだし、当時経営難だったその人が所属していた建築会社も急に、持ち直したらしいんです。

きっと祈りと仏像によって『魔』が取り除かれたからでしょうね。で、私たちも祈りの滝に行ってお祈りしなくちゃいけないって思ってたのに、忘れてしまって。すると、家に帰る途中から、唸《うな》り声みたいな音が頻繁に、二人揃って聞こえるようになってしまって、ずっと困ってしまったんです」

ずっと黙っていたIさんが急に組んでいた手を解いて顔を上げて喋り出した。

「うう〜〜んうう〜〜んうんう〜〜んって、そういうちょっと節のあるうなり声の音がずっとずっと聞こえてたんです。私もUちゃんも」

「本当にずっと煩くって困ったよね。田辺さん、私たちの怪談どうでしたか？」

「怪談師じゃないし、アドバイスできる立場じゃないけれど、気になるならネットで配信なりして、色々と経験を積むといいんじゃないですかね？　で、今もその音は聞こえるんですか？」

「あったりまえじゃないですかあ？　でも、このピアスしてると音が消えるんです」

二人は耳の下に下がった菊の花のような形のピアスを指で揺らして見せてくれた。

「お守りですか？　変わった形ですね」

「これ、『耳もとに仏様の輝き・千手アクセサリー』って名前のピアスで、千手観音の手をモチーフにしてあるんです。ほら、『魔』って仏さまが祓えるものじゃないですか」

二人は揃って頷き、その後怪談師としてどうすれば成功できるかという話をして帰って行った。

河内十人斬り（大阪府南河内郡）

千早赤阪村の話をした、怪談師志望の二人が帰った後に聞いた話をテープ起こししていると取材に使っていたメモが机から落ちた。

拾い上げる時に、メモの中で私が書いた癖の強い文字で「河内十人斬り」と書いた文字が目に入り、昔、私も千原赤阪村に取材に行き、いつか書こうと思っていた話があったのをその時に思い出した。


千早城の戦いは、元弘三年（一三三三年）に、鎌倉幕府を倒すべしという後醍醐《ごだいご》天皇の呼びかけに集まった河内の武将・楠木正成と、鎌倉幕府軍との間で起こった攻城戦だ。三十万近くの鎌倉幕府軍に対して、楠木正成が率いていたのはたった千名足らず。しかし、藁《わら》の人形を囮《おとり》につかったり、大木を転がして敵兵を潰すなどの奇襲につぐ奇襲や奇策に翻弄され、鎌倉幕府軍は撤退となった。

河部真道のコミック『バンデット　偽伝太平記』にドはまりしていたことがあって、

その舞台となった場所を見たいという一心で、当時は駅前にコンビニすらなく、道のりもかなり大変な千早城跡に、特に考えもなしに私は向かった。

そして、行ったのが夏だったので城近くで私はバテてしまい、木陰でぼけーっとしていると着流しの男性に声をかけられた。

顔色がよほど悪かったのか、男性は凍った飲料水の入ったペットボトルを一本手渡して「よかったらこれで冷やして下さい。熱中症ですか？」と声をかけてくれた。

私は「ああ」だか「はい」だかと答え、お礼も言わずにボトルを首筋に当ててぼーっとしていた。

それからしばらくして、男性が戻って来て再び声をかけてくれた。

記憶している会話は曖昧だが、メモ用紙を元に再現を試みてみようと思う。

「大丈夫ですか？」

「おかげさまで割と回復できました。結構道は険しいし、坂もあるのに和服姿って粋ですね。着慣れてる感じするから、もしかして噺家さんとかですか？」

「いえいえ、違います。趣味で着てるだけ。ここで河内音頭をこっそり歌ってええ気持ちになりに来とるだけやの」

「河内音頭って、あのえんやこらせ〜どっこいせ〜♪って節のある、河内屋菊水丸《きくすいまる》とかが盆踊りで歌ってるのですよね」

「そうそうそれそれ。その河内音頭を有名にした、いや、河内音頭が有名にしたんかな、大きな事件がここいらであってね、それでここ来て人にあんまし聞かれんように歌ってんの」

「どんな事件やったんですか？」

「河内の十人斬りいう事件。赤阪村に住んどった城戸熊太郎《きどくまたろう》って名前の博打打ちがおってね、女が浮気した上に開き直るわ、金を貸した相手に借りた覚えないって開き直られた上にどつかれたりと散々な目に遭ってしまったわけ。

そこで頭にカッときて、明治の二十六年（一八九三年）の五月二十五日の深夜に女の間男と金を貸した相手の家族を襲い、寝ている幼子四人の首を斬り落とし、不義を働いた相手の顔の皮と髪の毛を日本刀で削ぎ、村田銃で下女を背中から撃ち、男の腹にサーベルを垂直に立てて掻っ捌《さば》き、内臓を引きずり出して、廊下に放り投げてから、家に火を放ち逃げたの。そして事件から二週間後の六月七日に、熊太郎は山中で自害して騒動に幕を下ろしたんだけど、その騒動を河内音頭の演目にして、今も歌い継いでる人らがぎょうさんおるわけ」

「そのうちのお一人なんですね」

「いや、誰かの弟子というわけでもなし、趣味やから」

その後、ペットボトル飲料のお礼を伝えると「ええの、ええの」と男性は言い笑いながら頭をかいていた。

「ところでなんでここに来はったん？　歴史好きの歴女ってやつ？」

「歴史に詳しいわけやないんで、そう名乗れるような立場やないです。ところでさっきの十人斬りの話初めて知りました」

「あらっそう。ボク昔この辺り住んでてね、白昼夢やろうけど血塗《ちまみ》れでどろどろの男の人をあそこのね、木の間に見たことあるの。で、目が合った途端気絶してもうてね、親に言うても誰に言うても信じてはくれへんかった。ありえへん話やけど、城戸熊太郎って当時の警察官が大勢山狩りまでしたのに二週間見つからんかったでしょ。あれはボク、もしかしたらどこか別の時空にタイムスリップしたんちゃうかなって思ってんの。それを偶然ボクが見てしまったんとちゃうかなあって。急に変な話してもうてごめんね」

着流しの男性は、ぺこっと私に向かってお辞儀をすると、慣れた道だからか、かなりの速さで山の上の方に向かって去って行ってしまった。

そして、私はまだ体の中に日差しの熱が籠っているのを感じたので、もうしばらく休むことにし、さっき聞いた話をメモ書きし、いつか何かに書こうと思って手帳を閉じた。

こんな記録をメモにしたことさえも忘れていたというのに、惨劇の舞台となった村近くの怪談を聞いた日に、思い出すことができたのは偶然かも知れないが、奇妙な縁を感じた。

そして、たまたまつけたラジオで夏でもないのに河内音頭が流れていた。

特に怪奇現象が起きたわけでもない話だけれど、この偶然の連鎖が妙に気になったので、話として纏めて、この本の編集担当者に送ってしまった。

大阪のラジオ番組にて（大阪市浪速区）

Ａ：みなさん、こんばんは。遠藤淳《えんどうじゅん》です。八月九日、月曜、夜六時を回りました。そうです、ラジオ番組アカネクラブのお時間がやってまいりました。先週に引き続きまして、お休みのａｋａｎｅ先生に代わって、普段Ｍｕｓｉｃ ｂｉｔで喋っております遠藤淳が今週も代打をさせていただきます。

で、本日のゲストコーチは、夏だ、スイカだ、怪談だということで、怪談収集作家、田辺青蛙さんが登場です。読んでんちゃう？ 買《こ》うたんちゃう？ そう、地元大阪の怖い話を集めた『大阪怪談』という。これ読むと、なんか普段何気なく通っているところとかの見方も変わるかも知れないという、非常に身近な、知ってる地名だらけの怪談がこれでもかと載ってるわけなんですよね。

ａｋａｎｅさん不在でございますが、遠藤淳のアカネクラブ、ホラーナイトバージョン楽しんでください。では今日のスタート曲はこちら。カスケーダで、エバキュエイト・ザ・ダンスフロア。

〜♪（音楽）

Ａ：田辺さん自身は何かそういう怖い体験をしたこととかっていうのは、経験上あるんですか？

Ｂ：ありますけれど、結構なんか、幽霊が怖いっていうより、変な人に絡まれて怖いとかの方が多いですね。

Ａ：一番怖いのは人間であるみたいな。

Ｂ：そうですね。

Ａ：ちょっと哲学的な感じですよね。人が怖かった。送られてくる怪談でそういう人間が怖かったのってありますか？

Ｂ：ありますね。ベランダに全裸のおっさんが立ってましたみたいなものもあれば。なんか、自分の隠し撮りされた写真が切り抜いてあって、隣に全然知らない、見知らぬおじさんの顔がコラージュされているものが、郵便ポストに十枚ぐらい入っていたみたいな怪談もありますね。

Ａ：怖。手ぇ込んでるし余計怖い。

Ｂ：そうなんですよ。でもそういう人間が怖いじゃなくって、心霊現象的な怖さの方が怪談らしさがありますね。不思議な体験をして、その理由が分からない怖さ。

Ａ：今思い出したんですが、僕もちょっと不思議な話が子供の時にありまして。小学生の時に夜に寝ていて。エアコンとかもない部屋だから蒸し暑いなっていうのも未だ覚えてるんですけど。それで多分、寝苦しくなって目ぇ覚めたんですよね。

そしたら天井の電気を引っ張って点けたり消したりする紐、その先っちょを何気なく見てたら、燃えていたんですよ。空中にゆらゆらと。音もなくなんですけども、漂っているという感じで。

それと、ボーイスカウトに僕、入ってたんですけど、その時の隊長にたまたまその話をしたら、その人は、時期が時期だからご先祖様が自分の子孫を見に来たんじゃないのかなみたいな、いい話風に言うてくれたことがあって、そこでちょっと怖い気持ちは和らいだんですけど。

その同じ部屋で、そっから何日か経った時に寝ていたら夢を見たんです。

それが、昔通ってた幼稚園に僕がいる夢なんですよ。で、懐かしいなと思いながら幼稚園の、グラウンドを歩きながら「あそこの教室行ってたな」、「年長組の時こっちゃったな」みたいなのを、一人でウロウロ夢の中でしてたら、どっからともなく犬が現れて、僕に向かって走ってきたんです。そいで、僕は犬嫌いでもないのに、夢の中でどうしてかパニックになってしまって、とにかく門の方に逃げたんですよ。

そしたらありがちなんですけど、バンっと門が閉まって出られない状態になって。犬もそこまで来てる。「そうだ、よじ登ればいいんだ」、門を登ったところ、間一髪で噛まれず済んで、犬たちはその乗り越えてこられない悔しさで吠えまくってるんですよ。「あー、良かったな」って夢の中で思った瞬間、思いっきり耳元で「ワンワンワンワン」って吠える声がして。それで目ぇ覚めたんですよ。

で、僕、家の二階にいて、一階にいる昭和な感じのおじいちゃんおばあちゃんと一緒に住んでたんで、当時飼っていた犬は放し飼いというか庭で繋がれた状態ですから部屋まで上がってこられない。でも確かに、耳元で聞いた実感がある。なぜなら、残響音がずっと耳に響いてるんですよ、キーンって。んで、これはさすがに怖いぞ、気持ち悪いぞ、こんな体験するのって僕だけなんやろか、いや違うかも。もしかしたら、何かに載ってるかもと思って。水木しげるの妖怪図鑑がうちにもあったんで開いたら、寝ている人の耳元で吠える妖怪「うわん」っていうのがおったんです。犬の形はしてないんですけどね。なんかちょっと不気味な、老人体型みたいな感じなんすけど。「うわん」の声を聞いた人は寝汗びっしょりで飛び起きるぐらいの感じの書かれ方やったと思うんです。それを見て、「ほんまにおったんや」と思って。そういう体験がありました。だから「妖怪もいるんだな」っていうのを僕、その時に初めて思った。

A：では、とっておきの怪談をちょっと、田辺さんに一つお聞かせいただければなと思うんですけれども。

B：んー。とっておきってのじゃないかもですが、たまに民間の学童で怪談会やってるんです。

A：きっかけは？

B：教室内でコロナが怖いからお喋べり禁止。外遊びの熱中症が怖いから時間制限がある。そんなわけで、やることないから、子供なんか割と退屈しきってて。最初紙芝居やってたんですが、全く受けなくって。

でも、ある日先生に頼まれて。ひそひそ声で「怖いお話をして貰いましょう」と急に振られたんです。

それで三枚の御札とか、よくある昔話の怖いお話をしたら、その話が終わった後に小学生が私の服を引っ張って「僕も怖い話ある」ってすごい小さい、先生が言うアリさんの声っていうやつですね、お話ししていい？　って言ってきて、幾つか話してくれた話がありまして。

それの一つが、学校の怪談みたいなもので、トイレに入ってドアノックしたら花子さんが「遊びましょう」って言ったっていうものから、教科書を開けたらページの間に三センチぐらいのお姉ちゃんがいて、僕のことじっと見てて、「何？」って訊いたら、そのちっちゃい三センチぐらいのお姉さんが「死んで」って言ってめっちゃ怖かった、とか。

あと、蝉採りに行って、捕まえた蝉のお腹がオレンジやったから「クマゼミかな」って確かめてから、くるっとひっくり返したら、蝉の顔の部分が虫の顔じゃなくって、人間の、それもお父さんと同じ顔で「え？」って言ったら、その蝉がお父さんの声で「うるさい」って言うて、ビビビビって飛んでったって。

A：え〜。
B：私それ聞いて、子供が咄嗟《とっさ》に考えた話にしても「え？」と思って、びっくりしたっていうことがありましたね。

A：怖いの僕、好きなんですけど、怖がりはまだ克服できてないので、今日は何かすごい不思議な感覚に陥《おちい》りながら番組をやらせていただいてるんですけど。そういえば小学校で――ごめんなさい、また俺の話になっちゃうかな。
B：いえいえ、どんどん聞かせて下さいよ。
A：もう一つ思い出したのが、校庭に、今はもうだいぶなくなってるらしいですけど、二宮金次郎像ってよく飾られてるじゃないですか。
B：はい、ありますね。
A：僕が通ってた小学校にもあって、そこ、藤棚に囲まれていたんですよね。その中央に二宮金次郎像があって。小一ぐらいの時かな、二宮金次郎の怪談って割とベタでいろいろあると思うんですけど。
夜走りだすとか、目と目が合ったら石になってしまうとかっていうのを本気で信じて、怖がってた友だちとかと何人かで、昼休みに給食を食べ終わった後、「明るいうちに行ったら俺らでも勝てるんちゃうか」みたいな謎の根拠だけを持って二宮金次郎像のとこ行って、考え得る限りの悪口を口々にみんなでぶつけまくったんですよ。「アホ」、「バカ」、「間抜け」とか、そんな類《たぐい》なんですけども。ワーワーって言って、そろそろワードなくなったなって思うか思わないぐらいの瞬間に――定規をはじいたらビヨヨヨーンってなるじゃないですか。

B：なりますね。

A：二宮金次郎があんな感じに揺れだしたんですよ。

B：ええ？　どういう感じで揺れたんですか？　銅像ですよね？

A：台座は動いてないんですよ。左右に時計の振り子みたいに揺れて、藤棚がピシピシって音を立てて葉っぱがバーッて落ちてきたんです。それを目撃した僕らはワーって慌てて教室まで走って逃げ帰って、「ごめんなさい、ごめんなさい」言いました。これ本当、昼間にやられたっていうのが、割と子供心に堪えましたね。

B：怖いですね。

A：怖いです。だから、夜は家帰った時に本当に寝れないぐらいの夜を過ごして。「どうかもう怒りを鎮めてくださるように」、「家に現れませんように」っていうのをね、強く祈りながら過ごしていた子供時代、思い出しました。

すいません、自分の話多めになっちゃって。しかも、これといってオチもなかったと思うんですけど。

ただ、実体験なんですよ。実体験ってあんなもんなんですよね、きっと。と、僕は思いたい。でも不思議な体験、思い出すきっかけにもなりました。ということで、ボチボチお時間でございます。アカネクラブ、ａｋａｎｅ先生の代打、遠藤淳でした。バイバイ。

～♪（音楽）

事件現場（大阪府茨木市）

「探偵って憧れたことないですか？　今まで誰も解決したことのない事件の真犯人を見つけられたらカッコええなって思って。たまたま家の近所やったもんやから、グリコ森永事件の跡地巡りをして、推理してやろって過去に思ったことがあるんですよ」

そう言って、大阪の高槻市在住で建築関係の仕事をしているという前岡さんは笑った。

「切っ掛けはＮＨＫドラマの『未解決事件 file.01 グリコ・森永事件』を見たからなんですけどね。入浴中の江崎社長を裸のまま誘拐して三日間監禁、その間に十億円と金塊を要求した『かい人21面相』と警察のやりとりは、再現ドラマだとわかっとっても掌にぐっしょり汗かくくらい興奮したなあ。

実は江崎社長が監禁されていた水防倉庫って、いまだに残っているんですよ。事件から四十年近くも経っとるのにですよ。

僕、茨木市にそんな大事件の舞台となった場所があるなんてテレビで見るまで知らんかったから、見に行ったんですよ。で、うわあテレビや雑誌で見たんと同じやってカメラで写真を撮ろうとしたら、なんか倉庫の横におったというか現れたんです、黒い人の形をしたもやもやが。大きさは二メートルくらいで、トタン屋根の下、雑草の上に素足で立っとって、目っぽいものが上の方に二つありました。そいつが僕に対して、なんでか凄い悪意を持っているのをビシビシ感じたんです。

だからかそいつ、僕の方にいきなり凄い速さで迫って来たんです。走るとかじゃなくって、氷の上をツーって滑って向かって来るような感じでした。

黒いもやもやに追いつかれたら死ぬ、殺される！　と思って全速力で逃げましたよ。今思い出しても鳥肌立つくらいヤバかった体験です。

あの黒いもやもやが何やったとか調べる気はないけど、この世のもんでは絶対なかった。だから、あの倉庫がまだ残っているのも、もしかしたら、取り壊しができない、なんか理由があるんかも。

建築関係の仕事やってると、たまにその手の話は聞くんです。あれは壊したくても壊されへん。関係者の命にかかわるもんやからって」

事件現場（大阪府茨木市）

前岡さんはそう言い、同じ黒いもやもやに遭ってしまいそうな気がするから、他の事件現場にも行きたくても行けないということだった。

ちなみに、犯人が身代金要求に使った電話ボックスも、いまだに壊されずに残されている。

その電話ボックスを使うと誰かに肩を叩かれて、後ろを振り向くと誰もいないということが起きる、という怪談を「ひらかた怪談サークル」で出会った方から聞いた。

赤い人（大阪府河内長野市）

天見《あまみ》に古い南天苑《なんてんえん》という宿がある。近代日本を代表する、東京駅などの西洋建築を数多く手がけた、辰野金吾《たつのきんご》が手掛けた宿だ。

元々は堺市の大浜公園内にあったのだが、室戸《むろと》台風によって建物の一部が崩落したので、南海電鉄が古来より鉱泉の湧く天見へ移築し、それ以来ずっと旅館として営業を続けている。

そんな宿に、気まぐれな夫が泊まって小説を書きたいと言い出した。

私の夫は作家なのだが、私が読んでもさっぱり意味がわからない内容の作品ばかり書いている。それでいて私よりずっと売れているらしいので、正直言って悔しい。

南天苑は電車の駅から歩いて十分ほどの場所にあり、私がミステリ作家だったら創作意欲をさぞや掻き立てられるだろうなというような古い、いい意味でとても雰囲気のある宿だった。

お互い、横で人が書きものの仕事をしていると気が散るという厄介な性分なので、私は夫が仕事の間、宿の周りを散歩でもしようと思っていた。しかし、ぽつぽつと雨が急に降り出してしまい、外に出ることができなくなってしまった。

本でも読もうか、それともゲームのFree Fallでもして時間を潰そうかなと、応接室で茶を飲みながら雨が庭の草木を打つ様子をただぼんやり見ていると、若い女性二人に話しかけられた。

「どこから来られたんですか？」

「大阪市内からです」

「近くからなんですね。私たち、横浜から来たんですよ」

浴衣姿ではしゃぐ若い姿に眩しさを感じながら、何故この宿に泊まることにしたのかを訊いてみた。

すると二人は姉妹で、実家がこちらにあり、大学を卒業して就職してからの久々の帰省なのだそうだ。だが親が体調を崩してしまい、まさかとは思うがコロナかもしれない、伝染してしまう危険を犯してまで娘たちに会いたくないと言われたので、折角の機会で帰って来たのだから、外観はよく知っているけれど今まで利用したことのない古い宿の南天苑に泊まってみようと思い立ったということだった。

私は「この辺りに雨でも楽しめる場所はありますか？」と訊くと、二人は顔を見合わせどこだろうと考え込みはじめた。

長いこと沈黙が続いたので、質問を変えて訊いてみた。

「実は私、小説家で、不思議な話や怖い話を集めているんですが、この辺りで何か知ってませんか？」

二人は「えーえー」と言いながら、やはり考え込んだ後、こんな話をしてくれた。

「ここからちょっと離れてますが、関西サイクルスポーツセンターの近くのキャンプ場で、〝赤い人〟が出るらしいですよ。

赤い人の話は、私たちが小学生の頃に最初に知って、それから成人してからもたまに噂で聞きます。月光仮面を赤くしたような、サングラスに赤いターバンとマフラー姿の人で、性別も年齢も全く分からないんです。

その赤い人に声をかけられると大怪我をしてしまうらしいんです。『あなたも赤いですね』と言われるそうです。

それと、赤い自転車がセンター内を、誰も乗ってないのに進んでいるのを見たって話を聞いたこともあるんです。

それと、国道三七一号線の大阪と和歌山の境にある紀見トンネルを、赤いボールがぽんぽんと跳ねて進むのを見ると事故を起こすとか、肩に幽霊が取り憑くって話があるんです。

ここは高野山が近いから、高野山にたどり着けなくて亡くなってしまった修行僧とかが、幽霊になってあのトンネルを彷徨っているとか――そういう話も聞くんです。

それと、この旅館の名前の『南天苑』は、植物の〝南天〟から命名されていますよね。天見は〝南天〟の産地で、和歌山の境の辺りまで、そこら中に南天が植わっているんです。南天は『難を転ずる』というおまじないの意味があって、うちのおばあちゃんが紀の川の冷泉を汲みに行った時に、建物が崩れかけて怪我しそうになったんです。けれど、南天の枝がズボンに引っかかって立ち止まったおかげで助かったんです。

南天の赤い実が実家の前だけに、雨で流されたのかたくさん溜まっていて『縁起が悪いね』って話してたことがあって。外出を取りやめたら、近くで大きな事故があったんです。出かけていたら巻き込まれてたかも知れなかったと。

この宿も不思議で、泊まった人たちは、ここに来たことで『難から逃れた』って言う人が多いらしいって聞いたこともありますよ」

「へえー、色々あるんですね」と彼女たちから聞いたことを早速メモに書きつけていると、囲炉裏《いろり》端の間にいた男性が話しかけてきた。

「赤い人は、南天の実を投げつけたら大丈夫だから」

それだけ言って、雨にもかかわらず、傘も持たずに宿の庭へと出て行った。

私たちは顔を見合わせ、なんだったのだろうと言い、食事の時間が近かったこともあり、別れて部屋に戻った。

中之島中央公会堂の怪（大阪市北区）

中之島は、大阪市の北区にある堂島川《どうじまがわ》と土佐堀川《とさぼりがわ》に挟まれた細長い三キロほどの中洲だ。川沿いには遊歩道があり、桜や薔薇の季節には大勢の人たちで賑わう。大阪のビジネス街・淀屋橋《よどやばし》にも近く、昼時になるとスーツ姿の会社員が弁当を広げていたり、ゆっくりと散歩を楽しんでいたりする。

そんな中之島に大きなアーチ型の屋根を持つ煉瓦《れんが》の建物、中央公会堂がある。過去に、中央公会堂をバックにした写真を撮って東京の知り合いに送ったら「これはヨーロッパのどこですか？」と訊かれたことがあり、大阪の建物ですよと伝えたら驚かれた。

中央公会堂は、北浜の風雲児と呼ばれた男、岩本栄之助《いわもとえいのすけ》によって建設された。明治四十年（一九〇七年）の株式市場の大暴落時に大阪株式取引所（現・大阪証券取引所）は大混乱となった。その時、彼は仲買人らの訴えを聞いて、全財産を投じて株式市場を買い支えた。

そんな姿を見て、北浜の仲買人の中には、岩本栄之助は株式業界の生き神様だと拝む者まで現れたという。

困った人を見ると放っておけない人だったようで、北浜で「義侠の相場師」と呼ばれるようになり、仲買人の中で知らぬ者がいない存在になった。

岩本栄之助は子供好きでも知られていて、取引所に出入りしている子供たちに、学校に行くように勧め、学費を負担したり私財を使って私塾も作り、文房具の寄贈もよく行っていたそうだ。


相場の世界で活躍する岩本栄之助に、明治四十二年（一九〇九年）に渋沢栄一《しぶさわえいいち》が団長を務める渡米実業団に加わらないかと声がかかった。

彼は以前から、世界経済に大きな影響を及ぼしつつある新しい国アメリカが気になっていたこともあり、すぐに参加の意思を示した。

アメリカを視察した岩本栄之助が強い感銘を受けたのは、海外の財界人が当たり前のように、福祉や慈善事業、公共事業に寄付をおこなっていることだった。

大阪に戻って来た岩本栄之助は、多くの人が利用できる公共性の高い施設を作ろうと決意し、父親の遺産の五十万円に、自分の手持ち財産を加えた百万円を大阪市に寄付することを表明した。

現在の貨幣価値に換算すると、百億円以上ともいわれるほどの巨額の資産で、熱意を込めて、海外にもないような一流の公会堂を市民のために作って欲しいと、当時の大阪市長に伝えたという。

その後、財産の殆どを大阪に寄付した岩本栄之助は、株式仲買の第一線から身を引いていたが、大正四年（一九一五年）に再び相場師の世界に舞い戻ることに決めた。

しかし、しばらく相場の世界から離れていたせいだろうか、第一次世界大戦勃発の影響による高騰相場の予想を大きく外してしまい、莫大な損失を出し、彼の元には大きな借金だけが残ってしまった。

周りにいた人たちは皆、大阪に寄付した百万円の一部でも返して貰ってはどうだと助言したが、岩本栄之助は「一度寄付した金を返せというのは大阪商人の恥」として、返還の意思のないことを示したという。

そして、大正五年（一九一六年）の秋に、自宅でピストル自殺を図り、生死を五日間彷徨った。

大阪天満宮で彼に多大な恩義のある人たちが、夜通し火をたいて朝も昼も問わず回復を祈り続けたが、その祈りも虚しく、岩本栄之助の人生は幕を閉じてしまった。

三十九歳。まだまだ働き盛りの若さだった。


大阪市は、当時一流の建築家十五名を集めた設計コンクールを行い、その結果、早稲田大学教授・岡田信一郎《おかだしんいちろう》氏が一等に選ばれ、東京駅の設計で有名な辰野金吾《たつのきんご》氏と大阪工業大学の創始者・片岡安《かたおかやすし》氏と共に設計に当たった。

栄之助が夢見た公会堂は、彼の死後大正七年（一九一八年）年十一月に完成した。

かつての相場仲間が、煉瓦の壁を擦りながら、あの百万円さえあればなあ、お前は生きてたし、またやりなおせて、これくらいの建物もできたかも知れんのに、惜しいことやと嘆く姿も見られたそうだ。

定礎式で、中央公会堂の「定礎」の文字を書いたのは渋沢栄一だった。開会セレモニー後市民に公開したところ、日本一の公会堂を見ようと三日間で約十万人以上が訪れ、平成十四年（二〇〇二年）十二月二十六日、国の重要文化財に指定された。

この中央公会堂、古い建物でいかにもそれっぽく見えるせいか、幽霊を見た話や、不思議な現象を体験したという話をよく聞く。

イベントで利用した時に、お客さんが幕が上がるのを待っていたら、ぱちんぱちんと耳元で小さな泡が弾けるような音を聞いて、振り返ったらビー玉のような光が幾つか浮いていて、ふっと椅子の上で消えたという話や、建物の中で迷っていた時に真っ白い手だけが空に浮いておいでおいでをしていて、その手の方に行ったら出口だったが気味が悪かったので、反対の方に歩いてしまったから、よけい迷ってしまったという話がある。

そして、かつて中央公会堂の警備をしていた人から、血塗れの和服姿の男が歩いている姿を見かけることがあると聞いた。

自分が亡き後も、公会堂が気になって岩本栄之助が見に来ているのかも知れない。

明治の末に、岩本栄之助と親しくしていた仲買人が亡くなると、当時、陰火《いんか》という触れても熱くない火が天満宮の境内や中央公会堂近くの広場で上がるのが見え「岩本さんが仲間を迎えに来たんや」と噂する人がいたという。

古書店で手に入れた怪談本（大阪市某所）

私の手元に「郷土研究誌上方《かみがた》　上方怪談号」という古い雑誌がある。奥付を見てみると昭和八年（一九三三年）、今から八十九年前の本ということになる。妖怪や幽霊の出てこない、人間の残虐性を描いたいわゆるヒトコワ怪談が掲載されているかと思えば、狸や狐に化かされた話や、病院で幽霊が出て子供が大喜びしたなんて話も載っている。古い本なので、現代の言葉とかなり言い回しや表現が異なる点も多く読みづらいが、これを誰かが現代語に訳すればかなり現在でも通用するご当地怪談本になるのではないかな？　と思っている。私はあまり古い文章を読み慣れていないので、理解できるのは全体の六割くらいだろうか。

古書の中でもそれほど手に入れにくい部類の本ではないので、気になった人はネット上の古書店で検索すればすぐに見つかると思う。

今回、大阪怪談の取材に役立つのではないかなと思い「上方」を集めて読んでいると、見知らぬ家族の写真が挟まっていた。

　時々古い雑誌を購入すると、こういうことがあり、私の場合、売り主が探しているかもと思い、見つけた場合は古書店に返すことにしている。

　私は古書店の店主が比較的忙しくないと聞いている、平日の午前中に写真を持っていくと、驚かれた。

「これ、合成しはったんですか？　すごい綺麗に写ってるけど、このうちの二人、随分前に亡くなってはる人ですよ。知り合いだったんですか？」

　意味が分からずきょとんとすると、店主は「これは八年ほど前に亡くなられた常連の●●さんの写真に違いないが、一緒に写っている二人は二十年ほど前に亡くなっている。この写真の面子はあまり仲がよくなかった上に、背景に二〇一四年に建ったあべのハルカスが写っているから、合成に違いない」というのだ。

　私は、そんな技術は持っていないし、そもそも写真に写る人の誰一人とも面識がないと伝えた。店主は訝《いぶか》しげに写真を受け取り、誰かが驚かせようと仕込んだいたずらでしょうかなどと言っていた。

後日、私の持っていない号の「郷土研究誌　上方」が入荷したという電話連絡が来たので、古書店に行き、この間の写真はどうなったか聞いてみた。

すると店主はにやにやと笑い始め「あんなポルノ写真、今どき持ってたら捕まるんで燃やしておきましたよ」と言われた。

誰か別の人や写真と勘違いされているのではないかと思い、合成と疑われた、常連さんらがあべのハルカスを背景に写ったあの写真ですよというと「なんの話ですか？」と返された。

何が何やら分からない、狐につままれたような体験だった。

住吉区の銀行の怪談（大阪市住吉区）

子供の頃、住吉区の遠里小野《おりおの》に住んでいた。

そして少し離れた場所にあるスイミングプールに通っていたのだが、そこで近くの銀行に纏わる不気味な噂を当時、よく聞いた。


あそこの銀行の壁に、血の文字が浮き出てくるらしいよ。透明な裸の女の人が、苦しい助けて助けてと言うのに、みんな見えないフリをするんだって。

金庫に鬼が棲んでて、お金を金庫から出そうとした人が鬼を見て驚いて、頭をぶつけて死んでんて。

トイレの鏡に血塗れの顔が映ったんやってさ。

順番待ちをしていると、イタイ、イタイ、警察を呼んでくださいという声がして振り返っても誰もいなかったって。

通帳から血の臭いがするって話知ってる？

窓口で受け取った小銭が震えて泣くって。
「イノチダケは取らないで」と、その銀行で引き出したお札の人物が口を開いてそう言ったん、聞いたことある人おるらしいで。

遠い昔の記憶なので、あいまいなことも多いがこういう噂を聞いたように覚えている。今のようにインターネットに容易にアクセスできるような環境でなかったので、なんとなく不気味で陰惨な事件があり、それに関連するような何かがあの銀行にある、もしくは、あったということだろうなという雰囲気を私は感じていた。

外から見ると普通のコンクリ壁に硝子窓の、どこにでもありそうなビルなのだけれど、同じ学校に通う子たちは、変な話だがその銀行の建物そのものに怯えていたように覚えている。

でも、何故こんな噂を当時の子供たちが口にしていたんだろう。
そんなことを時々、噂を思い出すたびに、考えることがあった。

二〇二一年に、十名ほどのメンバーでオンライン同窓会を行った。

小学校の頃の面影が驚くほど残っていない人や、顔を映してなくて画面だけの参加者も数名おり、当時の仇名《あだな》や旧姓とは違う姓で入っている者もいたので、誰が誰だか分からず、しかもあまり小学校の頃を覚えていない人が多かったので、懐かしさを殆ど感じない同窓会となってしまった。

やはり直で会うのとオンラインでやるのは勝手が違うねと、画面を見ながらビールを飲んで喋っていると、メンバーの一人が「そういえば○○（私の本名）って怪談とか書いてる作家やんな？　銀行の怪談が一時期なんでか流行ってたん覚えてる？　あの銀行の怪談って、梅川《うめかわ》の事件が元になっとるよなあ」と言った。

「梅川事件？」

「なんやお前知らんのかよ。やばくね？　作家やろ」

その後、梅川事件を知っている者と知らない者の話になり、事件を知っているのは十名中二名、なんとなく知っているが四名、知ってるかもしれない二名、全く知らないが私を含めて二名だった。

「割と知らん奴おんねんな。超有名事件やし、俺らの通ってた学校の近くであったことやのに」

「いやでも、あれって俺らが生まれる前の事件ちゃうやったっけ？」

「知らん奴おるから説明するな。猟銃を持った梅川昭美《あきよし》って男が住吉区にあったM銀行に、強盗に入った。そして三十人くらいの銀行員と、二十人くらいの客が銀行におって、そいつらに動くなって言うて、いきなり二発撃った。

女の銀行員は服を脱がされて、肉の壁と言われて梅川の盾にされ、男の行員も何人かは至近距離で発砲により重傷を負ったり亡くなったりした。

撃たれて気絶している行員に、本当に死んだかどうか確かめるために、内臓を切り取って見せろとナイフを渡して同僚の行員に迫ったり、倒れている行員の耳をナイフで切って食べたりと、凄い猟奇的な奴やったらしい。

銃で撃たれて負傷している行員の中には、体から出る血で家族にあてた遺書を床にこっそり書くもんもおったらしいで。

そして、立てこもり中に警察官含めて四、五人撃たれて、最後に犯人の梅川は警察官によって射殺されてん。

そういう無茶苦茶酷い事件が過去にあったんや。割とドラマとかでやってたし、知らん奴がおるのが驚きやわ。

そいで、事件現場となったM銀行な、今も建物が当時の事件と同じ場所で、建て替えもなしで使われてるの知ってる？

実は俺の奥さん、あっこで働いててな、あの頃俺らが話してた怪談、実は割とあったことらしいで。今も時々なんかおかしなことあんねんて。

奥さんから聞いた話はな、床が濡れてて誰か水をこぼしたんかな、お客さんが滑ったら大変やから、早くモップで拭かなアカンって掃除用具を出して拭こうとしたら、ずずっと水が動いて赤黒く色がさっと変わってんて、そして消すなって低い男の声が真後ろから聞こえてモップ落として逃げたって」

「本当かよ」

「うそお」

「マジな話やから、あとこれは噂やから分からんけど、過去に勤めてた子がいきなりおかしくなったことあるらしい。髪を振り乱して、急にカレーライス！　とか叫んでんて。カレーって梅川が立てこもってた時に、警察官にリクエストして差し入れされた食べ物らしいで」

「流石にそれは完全に嘘やろう」

「どうなんやろうなあ」

そういう話を交わし、時計の針がそろそろ十一時を指そうとしていたので、オンライン同窓会はお開きとなった。


今もなお、梅川が事件を起こした銀行は住吉区の同じ場所で営業を続けている。

丁度その銀行の通帳を持っているのでそこに行き、ＡＴＭを利用したが何も起こらなかった。

綺麗な銀行で、過去の事件のことなど建物自体が忘れているように思われた。

しかし、帰りに近くのファミレスでランチを注文している時に、隣の席のカップルがあそこの銀行で昔すげえ事件あったらしいやろ、だから幽霊とか出るらしいでと話していた。

噂をする人がいるということは、いまだに何があるのかも知れない。

大阪千人斬り（大阪市中央区・天王寺区）

大阪には千人斬りに纏わる二つの伝説がある。
一つは、大谷吉継《おおたによしつぐ》に纏わる話だ。

大谷吉継といえば豊臣秀吉に仕えた武将として知っている人も多いだろう。業病（不治の病）を患っており、顔に痣があったため、それを隠す白い頭巾を被っていた。有名なエピソードで、親交のあった石田三成《いしだみつなり》と吉継が茶会に参加した際に、同じ茶碗に入った茶を回し飲みするのが作法であるにもかかわらず、吉継が口をつけた茶碗は頭巾を外した顔の痣を見て感染を恐れ、同じ場にいた他の武将たちは茶を飲むことを拒んだ。しかし、親しい間柄の石田三成だけは、なんの躊躇《ちゅうちょ》もなく茶碗に口をつけ、ずずずっと勢いよく中身を干し「もう一服点《た》てていただこうか」と言ったそうだ。

吉継は、義に厚かったことから、豊臣秀吉も彼のことを非常に高く評価しており、巷《ちまた》では三本太刀の一人だとか、秀吉の懐刀と称されていた。

しかし、そんな吉継が人斬りをして、生き血を舐めているという噂が大坂城下で広がった。実際、大坂の町では人斬りが横行しており、血を舐めとったような跡も遺体の中でもあったという。それというのも当時は、人を斬り殺してまだ温かい生き血を啜《すす》れば、悪瘡気《あくそうき》が治るという迷信があったそうだ。

明治の頃でさえも、死人の臓器が薬として売買されていた事件が載った新聞記事を幾つも見つけることができるので、それよりはるか前の戦国時代、藁にもすがる気持ちで人を斬った者も中にはいたのかも知れない。

豊臣秀吉は、吉継の人斬りの噂を聞くと激昂し、懸賞金百両の高札《こうさつ》をたてた。大事な家臣の名誉が傷つけられたのが許せなかったのだろう。

その後、奉行所にも秀吉が直々に命を出し全面的に調査に当たらせた。

そして、天正十四年（一五八六年）三月三日、千人斬りの下手人数名が捉えられ、千日前で処刑された。

しかし、その後も実の犯人は吉継だという噂が流れ続けた。

忠臣吉継になんという噂を流す連中がいるのだと、千人斬りについて耳にする度に秀吉は怒り狂ったそうだ。

秀吉亡き後、吉継は関ケ原に石田三成と共に参じ、打倒家康と臨んだものの、小早川《こばやかわ》秀秋《ひであき》の裏切りにあい、自害した。

吉継は自害する際に、小早川秀秋の陣に顔を向け「小早川よ、三年の間に必ずや祟りをなさん」と言い放ち、腹を掻っ捌いた。

この呪いによってだろうか、小早川秀秋は関ヶ原の戦いの二年後に狂い死にしてしまった。

大阪城の天守閣内には小早川秀秋の肖像画が飾られている。この画に話しかけられて眠れないという苦情を警備員から寄せられたことがあると、天守閣の学芸員さんから聞いた。

他に、大阪歯科医大の近くで白い着物姿の老人に「吉継か?」と声をかけられ、誰ですか?　と問い返すと「無礼な」と言われ、腹の下あたりがカッと熱くなったという話を、歯科医大に通う学生から聞いたことがある。彼は下校時に常に白いターバンのようなマスクをしていたそうだ。

そして、その学生さんは知らなかったらしいのだが、現在の大阪城天守閣がある場所は徳川政権になってから建てられた場所で、本来の豊臣秀吉が建てた大坂城の場所は長年謎だった。しかし、近年大阪歯科医大の近くで豊臣秀吉の時代の大坂城壁ではないかという石垣の一部が見つかった。

ちなみに徳川時代に何故、大坂城を「埋め殺し」といわれたほど念入りに、豊臣時代の痕跡を全て消すように埋めてしまったのかは分からない。

そうせねばならないほど、何かを恐れていたのだろうか？

大阪城周辺や関ケ原は、いまだに様々な怪奇現象に纏わる話を聞く。

戦国時代に名をはせた武将たちの幽霊はまだまだ元気で現役のようだ。

さて、もう一つの大阪の千人斬りの話は四天王寺にある。

あまり寺内の中でも目立たない場所に石の亀を土台にした石柱があり、それが「千人斬りの碑」で、建てたのは肥後《ひご》国《のくに》益城《ましき》郡《ぐん》中島の住人だった田代孫右衛門だそうだ。

その碑を建てた由来を『大阪怪談』でもお世話になった郷土史家のTさんから聞いた。

「僕の話、うろ覚えやからね、間違っとったらすんません。

長年愛していた、町内でも評判な小町であった娘さんと婚姻が決まった田代孫右衛門という人がおりました。

田代は、他国に修行の旅に出て戻ってきたところ、既に思い人であった娘は別の男の元に嫁いでしまってました。

必ず待っているとあれだけ固く約束したのにと、嘆き苦しんだ田代は娘に呪いで復讐することを思いついたんです。

どんな呪いをかけたろかと考える田代は、ある日、千の生き物の命を取って呪えば、どんな人の命も思うがままにできるという噂を聞き、毎夜様々な生き物の命を奪い続けることを決めました。それで、鳥やら虫やら、犬や猫を殺していき、とうとう残り最後の一匹となりました。

今まで九百九十九の命を奪ってきた、千はお前にしようと、田代が千番目に奪おうと決めたのは、池に放たれた亀の命でした。

刀を振り下ろして、亀の首を落とそうとしたところ、馬鹿なことは止めて代わりに私の命を取るがいい、と田代の母親が亀に覆いかぶさるようにして止めに入りました。

しかし、もう少しで満願叶うという場で今更止められるはずもなく、母親を引き離して亀に再び切りかかりましたが、亀は首や手足を固い甲羅に仕舞いこんでしまい、なかなか命を奪うことができそうにありませんでした。

やがて、汗水たらしながら、亀の甲羅を刀で叩いている己の姿がアホらしくなったのか、それとも後になって母親の決死の声が届いたのか、田代は非道な呪いによって復讐を遂げることを諦めることにしました。

そして今まで奪った生命に対して懺悔《ざんげ》し、四天王寺に碑を建てた後に病に伏し、亡くなってしまったそうです。

この碑、何もない人が見ても、なんも感じないでしょうが、命を奪って後悔してる者が目にすると、たまらんようになるらしいですよ。

僕が、見聞きした話で、ひき逃げ犯がこの碑を見て震えあがって翌日自首したっていうのがありましたし。僕はそんなん研究に使うんやからええやんと思うけど、学生さんでマウス（鼠）を実験で沢山使って殺めてしまった人が、この碑の前で卒倒したいうのもありました。

まあ、僕は釣りが趣味やし、魚を山ほど殺めてきてるけど、後悔してないせいか碑を目にしても何も感じませんけどね」

千人斬りの碑は四天王寺内に今もあり、誰でも見に行くことが可能だ。

しかし気になったのは、千「人」斬りの碑とあるのに、伝わっているのは人以外を斬った話であることだ。魚や動物を斬ったのであれば千匹斬りの碑であっても良いはずなのに。もしかしたら、本当の由来は違う内容なのかも知れない。

無予告の怪談会にて（大阪市内某所）

「お水！　ちょうだい!!」

ガラガラと扉が開いて大声を出されたので、思わずビクッとしてしまった。

「ところでここは何するところですか？　おちえてちょーだい！」

私は、大阪市内の某所の時間貸しスペースで、時々「怪談会する怪？」とか「コワイはなしまってま～す」というようなことを紙に書いて入り口に貼って、誰か来ないかなと待っていることがある。そんなことをしても、殆ど誰も来ない時の方が多いので、その間、私はノートパソコンで仕事をしたり、ＹｏｕＴｕｂｅで、すしラーメン・りくの動画や、ガッチマンのゲーム実況を眺めたりしている。

でも、稀《まれ》に人が来ることもある。そして何故か訪れるのはちょっと変わった人が多い。

今日、この場にいるのはいきなり入って来て「水！」と叫び、今も「お水ちょうだい！」と言い続けているチャックからシャツが豪快にはみ出ている、かなり年配の男性だ。

過去には顔中にラメ粉交じりのファンデーションをべったり厚く塗った化粧をした、銀色のスパンコールがびっしり付いた服を着た女性が「あなた私の後ろの見える？」と扉を開けるなり訊いてきて、私が素直に「いいえ」と言うと、「じゃあ偽物ね。それとこれ、捨てといて」と言って、煙草の吸殻とラーメンスープと思しき液体がたっぷり入ったビニール袋を私に渡して去られたこともある。

「お水まだですかあ？」

顔が赤い中年男性に、備え付けの簡易キッチンの蛇口から出した水道水を入れたコップを渡した。

「はいお水です。かなり酔ってはるみたいやから、早く帰った方がいいですよ」

「ここは何してる場所なんでっしょーか？　お答えしてちょ〜だい！」

口の端から水をかなり溢し、シャツにシミができている。

「ここで怪談会をやってるんです。怪談会っていうのは、怖い話をする場所で、私はここで怖い話をしてくれる人が来るんを待ってるんです」

「稲川淳二さんがこれから来はるんですか？」

「来ません」

「せやなあ。有名人来るような雰囲気と違いますもんね。あなたの知らない世界？　あたしの知らない世界？　ルックルックこんにちは」

「水のコップこっちで洗っときますんで、ほんまに早《はよ》う帰った方がいいですよ」

中年男性に言うと、今度はトイレを貸して欲しいと言われた。私は貸しスペースの階にトイレはなく、階段かエレベーターで上の階に行くようにと伝えた。

「鍵かかってますから、この鍵で扉開けて使ってください」

「アイアイさ〜」

五分ほどして男性が戻って来た。

「鍵お返しします。怖い話、お水のお礼にお話ししちゃいますねん！　ぱっつんの幽霊が今取り壊し中の旧ダイエーのビルの辺りに出るの知ってる？　あのねえ、立体駐車場の場所で昔っからあそこは何人か死んではるやろ？　血塗れちゃんがこう手をちゃちゃいって振ってんの。それをわたくし、なんべんも見てますねん。こりゃおとろしいと……ですねえ、ぱっつんがばきゅんばんばんして2号さんと、奥さんが亡くなって、そっからえらいことになったでしょ（中略）というお話やねん」

男性の語った怪談を要約と解析すると、ぱっつんと言うのはどうやら警察官を指す用語だということが分かった。

方言なのかなと思ったが、住んでいる所は豊中《とよなか》と言っていた。大阪に私も住んで長いが警察官のことをぱっつんと呼ぶのは今まで聞いたことがないので、多分この人の造語なのだろう。かなり話が脱線する上に、造語が他にも多かったので結局だいたい同じ内容の話を三回も話して貰った。

私なりに聞いた話を組み立てた内容がこうだ。

ＪＲ大阪環状線の京橋駅側にあったダイエーの立体駐車場で以前、警察官が不倫相手の愛人と奥さんを呼び出し、詫びの言葉を伝えてからけん銃で射殺。その後、銃口を咥えて本人も自殺したらしい。それから何故か、ダイエーの立体駐車場では遺体遺棄事件なども含め事件が多く、監視カメラも沢山あり駅近くの交番も側にあって、人通りもある場所でなんでわざわざ犯罪を？　と男性は思ったらしい。

仕事でダイエーの立体駐車場をよく利用していて、幽霊が出るという噂があり、人によっては銃を構えた警察官が「ごめん」と口にする姿を映画のように見たそうだ。

そこからダイエーが撤退し、建て替え工事が一部なされて別のテナントが京橋駅横に入った。しかし立体駐車場はそのままで、相変わらず何かいるとか、幽霊らしきものが見える話はよく聞いた。


話をしてくれた男性も、水あめのような人影が車の後部座席にいるような感じがしたり、バックミラーに立ち尽くす女性や男性が映っていて邪魔だなと思って、窓を開けて危ないから避けてくれと声かけしようと思ったら、ぐにゃあと体が歪んで排水溝に水が吸い込まれるように渦を巻いて消えたのを見たことがあったそうだ。

そして、新しく入ったテナントも撤退し、立体駐車場も建て壊しが決まった。

建て壊しの最中、崩れたコンクリ壁や、鉄筋むき出しのフロアに並んで立つ女性が二人いて、駅に向かって手を振っている様子を男性は何度も見たらしい。

それは夜やひと気のない時間帯などではなく、ラッシュの朝や昼時のことだった。

男性は、近くにいた見知らぬ人に、あそこにいる人はなんだと聞いてみたこともあった。

　すると、「あ、本当だあんな危ない場所に人がいますね……」と言って相手が何かに気が付いたのか表情が変わり、急に黙り込んでしまったことがあった。

　見えていたのは自分だけではないし、他人も人ではないときっと気が付いてしまったに違いないということだった。


　中年男性は話し終えると、ぺこりとお辞儀をしてから「ありがとっさ〜ん、まったくるさ〜〜ん、さよならんらら〜ん」と歌いながら去って行った。

　またこのスペースに来てくれるかどうかは分からない。


　無予告でどうして飲み屋街の片隅で、扉にビラ貼りだけの怪談会をやってるんですか？　告知すれば人が来る率も上がるだろうし、もっと場所を考えたらどうですか？　とよく訊かれるが、その理由はこういう変わった人は呼ぼうと思っても呼べないし、時々思わぬ怪談をそういった人から聞けることがあるからだ。

天王寺の陸橋（大阪市天王寺区）

Tさんが元同僚から聞いた話。

二〇〇〇年頃のことです。当時、私の勤め先は、ターミナル駅の梅田（大阪）駅そばの百貨店でした。そこで一緒になった同僚はJRの環状線を利用していたんですが、たびたび人身事故で遅延を出していました。私も同じ沿線を利用して、時計を見ながら遅刻しないかなと冷や冷やしたことがあるのを覚えています。

当時、遅延が特に多かったのが、天王寺駅周辺でした。その時親しかった同じ職場の同僚の最寄の駅は寺田町《てらだちょう》でしたが、天王寺からの始発列車が多かったので、追加料金を自腹で払って、天王寺までの定期券を買っていました。

大阪環状線のラッシュ時の混み具合は有名で、乗る駅によっては一度車内に入ると全く身動きできません。駅員さんにぎゅうぎゅうに詰め込まれて車内で体が宙に浮くことさえあったので、始発駅という利点は、どれだけ混雑していても座席に座れるので、同僚にとってありがたいことでした。

ある日、同僚が遅延を携帯で連絡してきて、職場に来た時から疲れた様子だったので、私は休憩時間にどうしたのか訊いてみました。

「あのね、今日も隣駅の天王寺まで行って、始発に乗り換えたの。今日はたまたま大和《やまと》路《じ》快速が来たからそれに乗って。座席も環状線のシートよりも座り心地がいいしラッキーと思って車窓の外を見とったわけ。

今日ね、ちょうど、上町筋の陸橋のところで、隣の阪和線の列車を見上げたの。

そうしたら、直後にバンッ！という大きな音とともに窓ガラスがビリっと振動して、それぞれの列車が停止したの。ええっ？　何？　あれなんの音？　って座席に座ったまま思ってたら、車掌さんからアナウンスがあって、陸橋から飛び降りがありましたって、人が列車にぶつかったことを知らされたの。

周りからはね、『自殺かいな』とか『こんな時間に迷惑やな』『いつになったら動くんやろ』とか、そんな声が聞こえてきたんだけれど、さっきの音が人だって知ったら、私は怖くて声が出なくなっちゃって。でも、時計を見たら遅刻しちゃうってなって、携帯で『すみません、乗ってる電車が人身事故みたいで、電車停まってるので遅れます』と電話したの。

私、地元民やから、あの陸橋がよく飛び降り自殺で使われるっていうのは知ってたんだけどね、自分が乗ってる電車がっていうのは体験したのは初めてやったし……。でもね、今日のは自殺じゃなかってん。っていうか、今までの自殺の幾つかも、もしかしたら自殺やなかったかもしれへん……」

同僚は顔を伏せ、途切れ途切れに、思い出して口にするのも忌《い》まわしいというような感じで、遅延して出発した電車の車窓の外を見た時に、陸橋の金網に沢山の黒く長い蛇のような腕が絡みついていたと教えてくれました。

「あんなん見たら、あの陸橋、よう通られへん。家族にも、夜に通ったらあかんって言うわ」

同僚はそれから天王寺で乗り換えるのをやめて、寺田町から乗ることにしたそうです。

ヤバイ場所（大阪府東大阪市）

Oさんから聞いた話。


十年以上前、ある女性から聞いた実体験です。

記憶が定かではないのですが、多分実家は八戸ノ里《やえのさと》だとおっしゃっていたと思います。

まだ実家にお住まいの頃、その方（仮にSさんとします）のご近所では「ヤバイ場所」とされる空き家があったそうです。

近隣に家を建てる時はその家に向かって玄関を作ってはいけない、夜はその家の前を通ってはいけない、などの暗黙の了解もあったとか。

その空き家には中庭に井戸があると言われているらしく、家というよりもその井戸が「ヤバイ」とのことでした。

Sさんも学生時代から日が暮れたらその家の前は通るなと親から言われていたそうです。しかし、ある晩学校からの帰りが遅くなったSさんは、自宅までの最短ルートであるその空き家の前を通ってしまいました。

すると、空き家を過ぎた辺りから背後に足音が聞こえだしました。

しかもザッザッという複数の足音が。

Sさんは怖くなりましたが、このまま家に帰るとソレを連れて帰ってしまうと感じ、藁にもすがる思いで周辺にあるお地蔵様を走って巡り、手当たり次第お線香の灰をかぶっていったそうです。

その時なんとなく「このお地蔵様たちはソレのためにあるのかも知れない」と思ったそうです。

そうしているうちに、いつの間にか足音は消えていて、灰まみれで泣きながら家に帰ったとの話です。

私も何度かこの話の裏を取ろうとネットで検索してみたんですが、それらしい情報は見つけられませんでした。

曽根崎五人斬り（大阪市都島区・北区）

某新聞社さんのおかげで、『心中天《しんちゅうてん》の網島《あみしま》』の小春《こはる》と治兵衛《じへい》の心中場所として伝えられている都島区にある大長寺《だいちょうじ》に取材ができることになった。

大長寺には大坂の陣で戦死した後に鯉《こい》になった武士の大ウロコや、小春、治兵衛の心中時に書いた遺書が収められている。

大長寺は、元々は現藤田美術館のところにあったのだけれど、浪速の渋沢栄一と呼ばれた豪商・藤田伝三郎《ふじたでんざぶろう》の邸宅用地として明治四十五年に買収されたため現在地に移った。大長寺の山門は、もとの位置に美術館正門として残っている。

実際にあった大ウロコと遺書を取材した後に、私は小春・治兵衛が人目を忍び手を取りあって抜け出したという曽根崎新地《そねざきしんち》へと向かった。

どんな気持ちで、二人が死を決意したのか、何を最後に思ったのかその場に行けば感じられるのではないかと思ってのことだった。

当然、現在の曽根崎新地には当時の面影は跡形もなく、それでも道筋などから分かることがあるかも知れないと思いカメラのシャッターを切った。

ただ、春の日差しが強い中でのことだったので、しばらくすると気分が悪くなってしまった。これは熱中症かも知れないと思い、私は近くの喫茶店に入った。

木のドアを開け、アイスコーヒーを頼み、ソファーに沈み込むように座り、早速運ばれてきた、四角いキューブ形の大きな氷が入った水を一気に飲んだ。

何も考えずにパッと入った店だったが、周りはスポーツ新聞を読みながら煙草を吹かしていたり、レモンスカッシュを飲みながら店長らしき女性と話している常連っぽい客のいる、どこかレトロな懐かしさの漂う喫茶店だった。

大阪は街中でも、こういうチェーン店でない昔ながらの喫茶店があちこちにある。

飴色の硝子でできた重そうな灰皿、雑誌と新聞の入ったラック、サテン生地《きじ》の椅子。

こういう店で小説を書いたら、なんかいいのできそうだよなあ、でも長居されたら店としては迷惑か、そんなことを考えながらアイスコーヒーにミルクを注いでストローでかき回した。白い渦が褐色の液体と混ざって消えた。

アイスコーヒーを飲むと、体調も落ち着いてきた。少し小腹が空いていたので海老ピラフを注文した。

するると、新聞を読んでいた客の一人が私に話しかけてきた。

「さっき、表で何もない道の写真を撮影しとったけど、なんでなん？　計測ともちゃうし、珍しいもんがある場所でもないし、おかしなことしてる人がおるなあってこっから見とってんけど」

「あ、そうなんですね。実は『心中天の網島』の舞台の一部がここらみたいなんで、撮影してたんですよ」

「ああ、文楽の演目やったっけ。よう知らんけど、この辺やったんか」

「そんなに詳しくないし、古地図とか参照して調べたわけじゃないんで、多分この辺って程度ですけどね」

「そうかそうか、まあ理由が分かってよかったわ」

話しかけて来た男性は、煙草を胸ポケットから取り出し、火をつけて口から紫煙を吐き出した。もやのような煙が天井に上って行く。天井の元の色の分からぬ灰色がかったえんじ色は、長年の常連客の煙によって作り出されたものだろうか。

そんなことを思いながら、ｉＰｈｏｎｅを弄《いじ》っていると海老ピラフが運ばれてきた。

「おまちどうさま。うちのはレンジでチンちゃうくて、ちゃんと炒めてるやつやからね。ところでさっき話してたけど、心中の舞台について調べてたん？　この辺やったら歌舞伎の曽根崎五人斬りの話の方が有名やと思うんやけど、知ってはる？」

私は初めて聞いた話なので、いいえと答えた。

そもそも私は文楽や歌舞伎に関する知識は殆どない。昔、婆ちゃんに連れられて見た演目や、たまたま知り合いの作家に超のつく文楽好きがいるので、それで知った演目が幾つかある程度だ。

「そしたら話してあげるわ。薩摩《さつま》藩士がおってね、遊女を含む五人を斬って殺したの。その事件をもとにした歌舞伎『五大力恋縅《ごたいりきこいのふうじめ》』が大ヒットして、上方歌舞伎の有名作となって、今はないけどこの近くに碑もあったの。古くはね、その斬って死んだ遊女の幽霊が出るとか言われとったみたい」

「へえー」

目の前に運ばれて来た海老ピラフを早く食べたかったので、マスク越しに生返事をして、その時は会話を切り上げた。

後日、気になったので曽根崎五人斬りについて調べてみたところ、こんな内容の事件ということが分かった。

元文二年（一七三七年）七月三日、曽根崎新地の桜風呂で働いていた遊女・菊野《きくの》に、一目惚れした四十半ばの大坂屋敷詰めの薩摩藩士・早田八右衛門《はせたはちえもん》は夏の夜が明ける前の時間に、曽根崎新地三丁目の呼屋・青楼に叫び声を上げながら、刀を手に上がり込み、一階にいた下女の十二になったばかりのくら、続いて十七歳の下女・きよをめった刺しにし、天井まで血しぶきを上げた。

べたべたと血で真っ赤になった足で歩きながら、薄暗い廊下の先で声を上げることもできず震えていた青楼の主人・大和屋重兵衛、女房とめを菊野の名を呼びながら斬り捨てた。

そして、襖を蹴破り、そこにいた目を見開いて硬直する菊野を一刀のもとに斬り伏せ、首の皮一枚残して、だらんと下がった首の口を吸っていた。捕らえられた時、まだ障子の木枠から血がぽつぽつと垂れていたという。

上の階にいた客たちは、血の臭いとただならぬ気配の中、何者かが聞きなれぬ訛《なまり》言葉で叫んでいたと、調べの際に述べた記録が残っている。

動機については捕らえられた後にも早田八右衛門は答えなかった。なので、痴情のもつれだとか、精神錯乱だとか憑きもののせいだという噂や、金銭の問題があったとも言われていたが結局、真相は分からず仕舞だった。

翌年、早田八右衛門は雪の降る朝に、引き回しの後、千日刑場で処刑となった。

その後、この事件から四十年が経ってから『置土産《おきみやげ》今織上布《いまおりじょうふ》』という浄瑠璃の演目となり、それからさらに十七年後の歌舞伎『五大力恋緘』となり上演された。

下手人が薩摩藩士であったために、演目として上演が可能になるまでに時間を要し、しかも、かなりアレンジが加えられているそうだ。

そして、曽根崎五人斬りの舞台を取材中に、以前この辺りの茶屋で五人斬りの犠牲者の一人、芸子・菊野の幽霊が出たという噂を聞いた。菊野は皮一枚残してだらんと体から首を下げた状態で、四つん這いになり帯を尾のように垂らし、血に染まったお歯黒の口の間から、悔しいという声を漏らしていたという。

しかし、当時、曽根崎五人斬りは評判の歌舞伎などの演目であったため、客寄せのためにそういった噂をふりまいたのではないかという説もあるらしい。

早田八右衛門に斬り捨てられた犠牲者の供養塔は、北区の浄祐寺《じょうゆうじ》にあったのだが、明治四十二年（一九〇九年）の天満の大火で焼失してしまった。

そして、その後に何故か旧碑を砕いてここに埋めてから、「五人斬りの碑」の名称も「五大力」に改めて建て直された。

今も浄祐寺には「五大力」の碑はあり、だれでも参ることができる。


ちなみに、古書店で昔見つけた『花柳界の呪い』というボロボロの著者不明の本の中で「早田八右衛門」と手鏡や紙に紅で描いて、嫌な遊女の部屋におくと、嫌な客ばかりがつくようになるというようなことが書いてあった。長年、誰だそれはと思っていたが、曽根崎五人斬りの犯人ということが、この一連の取材で分かってちょっとスッキリした。

他にも遊女間の呪いやまじないで早田八右衛門の名前を書くというものがあったから、当時は、嫌な客の代名詞だったのだろう。

天満のストリッパーから聞いた話　(大阪市北区)

作家の花房観音《はなぶさかんのん》さんに誘われて、天満駅近くにあるストリップ劇場に行った。

驚いたのが、劇場がいつも行きつけのスーパーの角を曲がって少しのところにあったことだ。

でも気が付かなかったのも無理はない。特にきわどい広告などもなく、青地のビニールの屋根に白抜きの文字で東洋ショーと書かれていて、入り口には「上映中」という札が貼られているだけだった。これだと、知らなければ通り過ぎてしまうのも当然だろう。

一階はお弁当屋さんで、ドキドキしながら階段を上がると受付があった。

かつては日本国内に三百軒以上もあったストリップ劇場だが、今や十数軒しか残っていないらしい。

花房さんに連れられて行った東洋ショー劇場は、五十年以上の歴史を持ち、東は浅草ロック座、渋谷道頓堀劇場と並ぶ日本の三大ストリップ劇場の一つだという。

料金は券売機で購入するスタイルで、入場料が三千五百円、深夜は二千五百円で、バーが併設されていて飲み物は一杯五百円だった。

「携帯電話は絶対に出さないで、いじるような動作も駄目。鞄の中身を気にするような仕草もしない方がいいから。盗撮とかを疑われるからね」

花房さんからの注意事項を聞き、中に入ると私たちのような女性同士の客や、カップルの姿も見かけた。男性客は高齢の人が多く、もっと暗くて怪しげな場所だと思っていたのだけれど、中は映画館のようで皆静かにショーの始まりを待っていた。

五分ほどすると、急に軽やかな音楽が流れ始め、踊り子が幕間から出てきた。煌《きら》びやかなドレスを身にまとっていて、弓のように体を反らせた体勢で微笑んでいた。音楽のテンポが速くなると、どういう仕掛けなのか衣装が背中からパっと割れるように別のドレスに切り替わった。舞台の上を踊り子は新体操のような動きをしながら移動しているのに、全く息は上がっていない。

照明は七色に輝き、気が付けば割れんばかりの拍手を皆が踊り子に送っていた。

コロナの影響だからか、声を発する人はおらず、踊り子が退場するとスタッフが換気のために扉を開け、消毒も行っていた。

舞台の脇には加湿器が稼働しており、感染症対策にはかなり気を使っているようだった。

「ショーの合間や最後に撮影タイムがありますので、そこで写真を撮ることができます」とアナウンスがあり、花房さんと一緒に踊り子さんと写真を撮影した。

一枚五百円で、後で現像した写真を持って帰るといったシステムのようだった。

雑技団のような、体の骨がどうなっているんだ？　と言いたくなるような姿勢でポーズを取る踊り子もいれば、日舞と手品を組み合わせた踊り子や、ジャズやヒップホップに合わせたかと思いきやオペラを披露する人もいたりと、踊り子一人一人にスタイルや見せ場があり、あっという間に時間が過ぎ去ってしまった。

そんな風に花房さんに誘われてから、何度か気分転換に私は劇場に足を運ぶようになったある日、いつも来てくれてありがとうございますと、写真撮影時に笑顔で声をかけられたことを切っ掛けに親しくなった踊り子さんがいた。

その人に、実は作家で怪談収集をしていることを伝えると、こんな話をしてくれた。

「過去に一度だけ、客席に不思議なお客さんを見たんです。

真夏なのに分厚いサンタのような服を着て、席でにこにこしているんです。踊っている最中、私は普段はいつも必死で、客席を見る余裕がそんなにないんですけど、その人だけは何故か気が付くと目についてしまって。で、なんでだろうって思っていたら、急にそのお客さんが立ち上がって、両手から銀の粉をぶわああって飛ばし始めたんです。でも、後ろにお客さんがいるのに、別に立ち上がったことを誰も何も言わないし、変だな、変だなって。

そして、サンタさんみたいな恰好のお客さんの両手から出た銀の粉が、私の体にふわあって巻き付くみたいに散って、すごく綺麗で。それだけじゃなくって物すごく踊りが楽しいというか、すごい多幸感に包まれたんです。

で、踊り終えた後に、客席の方を振り返るとそこには誰もいなかったんです。劇場の扉は踊っている時に開けると光が入るんで、帰ったのなら必ず分かるはずなのに、何故だろうって変な気持ちで。

終演後にメイクを落としていた時にハッと気が付いたんですが、私が見た人、服が赤いからサンタに見えたけれど、もしかしてあれは福の神のような人ではないかって、そういえばサンタというより顔も大黒様に似ていたなって。

色々と規制も厳しくなったし、去年も幾つかのストリップ劇場がなくなってしまったし、大阪もここともう一軒しか残っていないから、もし福の神様なんだったら、もう少し頑張って貰いたいかな」

彼女はそう言って少し寂し気に微笑んだ。

劇場で人ならぬ者を見る話はよく聞く。そして、それを見るというのは、人でない者さえも魅了するということだからだろうか。芸事が上手くいく先ぶれということもあると聞いた。

桜の木（大阪市北区）

大阪市内の高校で先生をしているMさんから聞いた話。

桜宮の銀橋《ぎんばし》を渡り、旧桜宮公会堂（旧明治天皇記念館）の横にある中学校付近に以前入学式の頃になっても花を全くつけない桜の木が一本だけあった。

桜が咲かないのは、明治期の頃に、この桜の木で首を吊った人がいて、その念によるものだという噂だった。

その人が首を吊った理由は、明治六年（一八七三年）六月六日に行われた江戸時代最後の横綱・陣幕久五郎《じんまくきゅうごろう》の天覧試合の相撲の結果に納得できなかったことからで、抗議の自殺だったらしい。

『行在所日記《あんざいしょ》』には「東方薩摩の陣幕は　大坂の八陣に負けたりければ　流石《さすが》の西郷も座に耐えずして　蒼惶《そうこう》として拝辞して退きけるとぞ」と書かれている。薩摩方と大坂方の戦いだったので、単なる相撲では済まない何かがあったのだろう。

それ以来この桜の木だけは花をつけず、切ると切り口から血のような赤い汁がとどめなく流れるといわれていた。

本当だろうかと思い、桜の枝を切った子供が明治八年の頃に現れ、その赤い汁を浴びた子は数日間熱が下がらず、顔中に桜の花弁のような赤い痣が浮き出てきた。

長らくその木は恐れられていたらしいのだが、淀川の氾濫《はんらん》で流されてしまったそうだ。

でも、その木の子孫なのか、銀橋付近で春になっても花をつけない桜があるらしく、祟られるので、枝を折ったり切ったりは決してしてはならないという。

あれは誰（大阪市某所）

私の叔父は一時期、大阪市内でタクシーの運転手をしていた。

今思えば不良社員なのだが、よくメーターを入れずに私や妹を乗せて大阪の色んな場所に会社のタクシーで連れてってくれたし、シートをアイスクリームやお菓子で汚しても「ええねや、ええねや」と言ってニコニコしながら掃除し、一度も叱られた記憶がなかった。

子供好きな人だったので、色々と大目に見てくれたのかも知れない。

そんな叔父がタクシー運転手だった頃に体験したことを思い出しながら話してくれた。

「今も昔もタクシーの運転手って個人差があるけど、殆どの人がそんなに儲からんから、年配で貯金もある人や、年金があるから小遣い稼ぎにって人とかが多い。

でも、ある年に新卒の真面目そうな子が入ってな、雑用こなしながらあっという間に二種を取って、運転手になったんや。

で、運転が好きや言うてたんと、天職やったんかな。道もよく知ってたし、お客さんもその子のことが好きや言うて配車時に指名も多かった。

朝も早うから来て、タクシーもいっつもピカピカに磨き上げとったしね。

社長もその子のこと可愛がってたし、ずっとここで働きたいって言ってて。入社から十年くらい経った頃のことかな。急にね、無断欠勤して、みんなビックリしたんや。

それまでそういうことなかったからね。

で、電話しても出ないし、もしかしたら家で倒れてるんと違うかって思って、会社の同僚と一緒にそいつの家に行った。

そしたら、家の近所を歩いてるところを見てね。

『お前どうしたんや、会社のみんな心配してるぞ。仕事が嫌なんか、転職するつもりなんか?』と色々と聞いたんや。

そしたらそいつ、急に往来の真ん中で上着脱いでな、肩のあたりを指さしてこう言うたんや。

『これから医者に行くんです。ここにできた大きな人面瘡《じんめんそう》が色んな命令をしてきて危ないから、私は運転手を続けることができなくなりました。この人面瘡は運転中にいきなり急ブレーキを踏めとか、目を十秒間瞑《つむ》れとか、ハンドルを逆に切れとか、命にかかわるような酷い命令ばかりを私に下すんです。当然、その命令には今まで一度も従ったことないんですが、その後はずっと、こいつにどうして従わなかったと罵《ののし》られ続けるんです。睡眠にも支障が出始めたから、このままではいつか事故を起こしてしまいそうやし、人面瘡と話し合おうとしたり、色んなお願いもしたけれど、全部無駄でした』

そんな風に言ってたんやけど、肩のあたりはつるつるで、おでき一つあれへんかってん。だから同僚と目で合図しあってその場を離れて、会社に戻ったら『あいつは頭おかしくなったから、運転手は無理みたいです』って報告した。

それから半年くらい経って、偶然、同僚といる時にそいつの家の近所で会うと、ニコニコして『どうぞどうぞ』って部屋の中に招き入れられたんや。

そしたら部屋の中はゴミ屋敷みたいに荒れとって、もう目にするだけで体中が痒くなりそうやから、何か言ってすぐに外に出たんだわ。

そいで、しばらく歩いて後に振り返って、そいつがおらんことを確かめてから『あんな酷い部屋によう人を入れる気になったなあ』って同僚に話しかけた。

そしたら同僚がしばらく黙り込んでてな、信号を渡ってしばらく歩いて会社の前あたりで口を開いて『あいつ、別人やぞ』って言うた。

『どういうことや』と同僚に聞いたら、

『あいつ、ひどい蕎麦のアレルギーや言うてたのを聞いてたんや。だからあいつ、昼飯に誘っても麺類は絶対に食わんかった。蕎麦と同じ釜で麺を湯がいてるかも知れんからって。なのに、あいつの部屋な、テーブルの上のドンブリに乾いた蕎麦が貼りついとったし、乾麺の蕎麦の袋やカップ麺の蕎麦の空き容器もあったやろ。あれは乗っ取られて別人になっとるで』

『じゃあ、あれは誰や？』

『知らん。ほんまに人面瘡に乗っ取られてしまったんかも知れん。あいつしか見えん人面瘡に乗っ取られて、蕎麦食えるようになったんと違うか』

流石にそれは突飛すぎる発想やって、笑い飛ばしたら、その同僚が言うにはな、社長は言わんやろうけど、たまに似たような人が会社内で出るんやって。

ほんまかどうかは不明やったけど、なんか不気味な会社やったなあ、あそこ。

結局おったんは四年ほどやったけどね。

噂やけど、松屋町《まっちゃまち》にある寺を買い取って、タクシー用のプロパンガスの給油場にしてから、ああいう変な社員が定期的に出るようになったらしいわ。まあ、そんな会社、他にもあるやろうし、噂やけどね」

叔父は「訴えられたら怖いから、ちゃあんと分からんように肝心なところは変えて書いてな。でも、全部ほんまのことやから」と言っていたが、追加取材をしたいと願い出たら断られてしまった。

戎橋（大阪市中央区）

京橋在住の知人のボクサーから聞いた話。

彼は道頓堀川にかかる戎橋の上で昔、友達と二人で、片手で逆立ちをしたりバク転をするパフォーマンスで小銭を稼いでいたことがあるらしい。

その日、二人で音楽に合わせて片手で逆立ちしながら、左右にステップで進む技を見せていると、靴は片方靴底がなく、Tシャツも元の色や柄が分からないくらいボロボロで、白髪交じりの髭は縺《もつ》れ、歯も殆どないボロボロのジーンズを穿いた男が急にやって来て、近くにいた客を押しのけ二人の真ん前に三角座りをした。

そして、その男はパフォーマンスが終わると手を大きく叩いて「兄ちゃんらすごいなあ」というようなことを言って、ピカピカの五百円玉を一枚、料金箱代わりに置いていた帽子に入れた。

続けてパフォーマンスが終わる度にピカピカの五百円玉を入れ、また正面に座る。

顔も服も垢じみていたが、嫌な臭いはしなかったし。ただ座って拍手をして見ているだけなので、気にしないようにしていたのだが、どうもその男性の雰囲気が、小柄な人でにこにこ微笑んでいるのだが、得体の知れなさを感じていたので、二人は目配せし合って早めにパフォーマンスを終え、帽子の中の小銭を集めた。

そして橋の上で、後で集計しやすいように硬貨の金額ごとに手早く分ける作業をしていると、正面に座っていた男が入れた、ピカピカの五百円玉に触れた途端、ぐっと胃が持ち上がるような感覚に襲われた。

「なあ、おいこれ持ってみ」と、一緒にパフォーマンスをしていた友達から別のピカピカの五百円玉を手渡された時は、あまりにも禍々《まがまが》しいものを感じたので、これは持っていてはいけないお金に違いないと感じ、そのことを友達に伝えると、同じように思っていたということだった。

その場に投げ捨てることも考えたが、お金を粗末にするとバチが当たるかも知れないという考えが頭を過《よぎ》り、じゃあどうしようかと二人して考えた結果、帰りに目についた神社の賽銭箱に、手に持っているだけで嫌な感じがする五百円硬貨数枚を、入れることに決めた。

その翌日、二人はニュースで硬貨を賽銭箱に投げ入れた神社の神主が逮捕されたことを知った。

参拝客をいきなり殴り出したという。いつも穏やかで人のいい神主がまるで何かに取り憑かれたようだった、未だにそんなことをしたのが信じられないと目撃者がインタビューで答えていたそうだ。

病院の前の家（大阪府某所）

ネット経由で読者の方からある日、こんな怪談が届いた。

二〇一七年の初秋、気管支炎が長引いたため、かかりつけの総合病院の内科の待合で診察待ちしていました。

席は一列五人、十列の待合で、当時はインフルエンザが夏場も流行していたので人で溢れ、壁面にもパイプ椅子が並んでいる状態でした。

子供を幼稚園に送り、そのまま診療の受付をして待合に行くと、たまたま何列目かの五人席の真ん中二席がポカリと空いたので座ることにしました。

数日間、熱が上がり、下がったと思ったら胸が痛いし頭はぼんやりするしで待ち時間も長いし、で、うつらうつらしていた時でした。

いつの間にやら隣におばあさんがいて話しかけてきました。

「だから、お願いします……あの子を外に連れて行ってください」

「頼みます……頼みます……」

おばあさんの話す内容は、病院から府道を挟んだ道の向こうにある奇妙な家のことでした。

「そこに孫が閉じ込められてるんです……」

おばあさんは小声で言い、だから、お願いします、助けてください、と繰り返すのです。

その家はここ七、八年で高い塀を作り、何台もの防犯カメラやライトを付けており、さながら家の中を見られないようにしている要塞《ようさい》のようでした。

年に数回の定期検診などで通っている時も、郵便局員や宅配業者や警察と怒鳴り合いをしている光景を何度か見ており、「なんだか変な感じの家やな」という印象でした。

「今、この時間は……息子夫婦がおらんのです……」

お婆さんの声は、私が助けるとも言わないうちから家の内部のこと、奥の部屋のなかにプレハブの作りの部屋があり、鍵が何個あって、音楽が流れてて……玄関から入ったどの場所に孫が閉じ込められている部屋の鍵があることなど話してきたのです。

気持ち悪くなって、「いやいや、おばちゃん、私病気でここ（病院）に来てんねん。助けるなんて無理やで。警察に言ってな」と言ったら、「はぁ？」と言う声が聞こえてきて、「あんた、何言ってんの？」と声をかけられたのです。

たまたま、知り合いが同じく待合に来ており、その人に「いや、ここでおばあさんがこんなこと言ってて……」と話すと、「あんたの隣、ずっと空いとったで」と言われ、周りにはおばあさんはおらず、年配の男性が一つ席を開けて座っていました。

「あんたが、なんかぶつぶつ言うとったから、熱でうなされてるのかと思ったで」

そんな筈はないと否定したかったのですが、おばあさんがいない驚きと体調の悪さで咄嗟に言葉が出てきませんでした。

「大方、熱で幻聴でも聞こえたんちゃう？　お大事にな」と言われ、先に呼ばれたのでそのまま診察を受けて帰りました。

その時は気管支肺炎できつい薬の処方だったので、次回の診察の予約も自動で入りました。ちょうど二週間後です。

その頃には体調もかなり改善して、あとはその日処方される薬で終わりということで待っていたのですが、待合で五人席の前列に六十後半くらいの男性が座ってました。

その男性の隣は空席で、男性は背後から分かる感じで船を漕ぐように体をゆっくり揺すっていたのですが、突然「婆さん、俺病院に来てんねん、そんなん、警察に行った方がええんちゃうか」と怒気《どき》を孕《はら》んだ言い方をしたのです。

「アンタ、誰に言ってんの？」

反対側の隣に奥さんらしき人がいて、男性は、隣の空席を見てギョッとして、私の方へ向き「お前か？」と言うような睨《にら》まれ方をしましたが、「いやいや」と否定しました。隣の奥さんも「この人、何も言ってへんやん、ごめんねー」と困った感じで謝って、そのまま診察に呼ばれて夫婦が去って行きました。

診察の待合はざわついていて、始終誰かが呼ばれる具合なので、付き添いの人もあまり喋ってないですし、男性の言うおばあさんの声は聞こえていませんでした。

私と同じことがあるって、偶然が、あるもんなんかな……そんなことを思っていました。

二〇一七年の年末、自宅で長女が二十年以上監禁され最後は餓死《がし》していたというニュースがあり、各社の報道カメラやヘリが現場周辺を映していました。

当日は「なんかヘリの音うるさいな」程度だったのが、夕方のニュースで、その場所があの要塞みたいな家だと分かったのです。

その後、報道や裁判などで事実が分かるにつれ、家の中で長女が監禁されていた細か

な様子などが、あの時おばあさんが語っていた言葉そのもので、
あの時実際に助けていたら、あの人は助かっていたんだろうか……?

いや、見ず知らずの私がおばあさんの声に誘われるまま行っても、どうしようもない結果だったんじゃないか……。

今更でしょうが、詮無《せんな》い事を色々と考えてしまいました。

しばらくは病院の入り口から見えるあの家を、怖くて見ることはできませんでした。

去年の秋頃から解体が始まり更地になったので、この話を語っています。

見てしまった者（大阪市中央区・北区）

ＬＩＮＥのアプリを使って取材をしていた時に、偶然なのか非常に似た怪談を続けざまに聞いた。

取材した人同士はお互い面識はなく、雰囲気も全く違うタイプだった。

なのに同じ日に偶然、似た怪談を私に話したのだ。

怪談を集めていると、時々こういったことが起こる。

茶屋町で美容師をしているという、江川大翔さんの話。

「僕の知り合いに幽霊を見る奴がおるんです。でも霊感って波があるみたいで、調子いい時とそうでない時で、全く見え方が違うらしいんです。

僕、霊感ある奴って、正直言うたら痛いなあと思ってたところがあって、そいつのこと試してやろうって心霊スポットに連れてったんです。

千日前の辺りって昔、処刑場だったし、昭和の時代にでかい火事があって沢山人が死んだから、今も幽霊が出るって話があるじゃないですか。そこにそいつと行ったらどんなことを言うやろうって思って。

それで、実際に行ってみたら、そいつ何も言わないんです。

なんか拍子抜けしてしまって、つまんないなって思ったまま千日前の辺りをちょっとぶらついてから、御堂筋の交差点の横断歩道を二人ちょっと離れて渡ってたら、急にそいつの顔色がサッと変わって。なんかいきなり三倍速で再生した動画みたいに、手足をばたつかせながらすごい速さで走り出しおったんです。だから僕、お前どうしたんやって声かけたら。中央分離帯をぶるぶると震えながら指さしたんです。『あのな、あっこに……ゾンビの幽霊がおる……もう無理やから今日は帰る……』ってそいつが言い出して、タクシー拾ってほんまに一人で帰ったんです。

なんやねんゾンビの幽霊って。そいつを試して霊感の有無をからかおうと思っていたのに、逆に俺がしてやられたみたいになって気分悪いなってことで。それ以来、そいつとしばらく疎遠になってたんですよ。

そしたら、そっから二年くらいして、俺こんな新聞記事見つけたんです」

江川さんから私の携帯電話に送られて来たのは産経新聞の記事だった。折角なので、送って貰った記事の一部を引用しようと思う。

【歓楽街のど真ん中に白骨遺体、誰にも気づかれなかった男性の孤独死（2018／5／30）】

都会のど真ん中で人知れず息絶え、しかも2年間も野ざらしにされていた。昼夜を問わず人の往来が絶えない大阪・ミナミ。目抜き通りの御堂筋と交差し、1日数万台が行き交う千日前通りの中央分離帯で5月、白骨遺体が見つかった。

アーチ状の柵がドライバーの目を遮り、清掃ボランティアが歩いて近づくまで、そこで人が死んでいることにだれ一人、気づかなかった。

遺体は中高年の男性とみられ、ホームレスが行き倒れた可能性がある。西日本最大の歓楽街で起きた孤独死。男性はなぜ、長期にわたって発見されなかったのか。

ある捜査関係者は「遺体があった場所は外部から見えにくく、通行人からも気づかれにくい。周囲には飲食店も多いので食べ物に困らない一方、公園のように、からまれたりトラブルに巻き込まれたりする可能性も少ない。そういう意味では、男性にとって安息の地だったのかもしれない」と分析し、こう嘆息した。「まさに歓楽街の孤独死。2

年間も放置されたままだったのは非常に不憫だ」

「二人で千日前に行ったのがこのご遺体が見つかった時からさかのぼって、だいたい二年くらい前なんです。そして、あの辺りに行った人やったら分かると思うんですけど、本当に外から見えないんですよ、中央分離帯って。

やのにあいつ……ゾンビみたいな幽霊って言ってたから、もしかして亡くなられてから腐っていく姿を幽霊として本当に見えていたんじゃないかって思って。

都会の中で遺体がそこにあると念みたいなものが籠ってて、無念やったんちゃうかとか色々と考えてしまって、それと本当に見えていたんやったら悪かったなと思って、そいつに謝ったんです。そしたら電話越しの相手の声が急に変わって『しんどかった』って聞こえて。声色を変えたとかそういう声じゃなくって、ゾッとするような、あれこそ死者の声だったんじゃないかって声だったんです。

怖くて思わず、通話を切ったんです。そしたら数分後にそいつから電話がかかってきて、僕が出なかったら留守番電話に『くぅ〜〜、くぅうう〜〜』って何か食いしばるような声が風の音と一緒に入っていたんです。

もうそれ以来、霊感あるって奴と面白半分で心霊スポットとか、そういう場所に近づいたり、死者を見せようとしたらアカンのやろなって思ってます。そいつとはもう、怖いし懲《こ》りたんで連絡取ってないんです……」

四ツ橋のジムで、トレーナーをしているというTさんから聞いた話。

「随分前の話なのですが、エアロビのインストラクターをしていたことがあって、お客さんが、ダイエット目当ての女性が多いもんだから結構モテて悪いことしてたんですよ。今より若かったこともあって、筋肉素敵ですね触っていいですか？　なんて言われて女性に囲まれたり、家でレッスンして欲しいんですとか、シャワー一緒に浴びませんかなんて言われて誘われたりと、色々あったんですよ。

でも、モテ期って魔法みたいに期間限定で、ある日突然全くモテなくなりました。

その時の悪さが崇ったのか、現在は女性に全く縁がないし、恋人はマジで自分の筋肉だけです。そもそも食事制限とかは一人の方が便利でやりやすいですし、彼女とか興味ないっていうのもあるんですけどね。言っときますが、負け惜しみじゃないですよ。

過去のエアロビインストラクター時代一度だけ、溺れるように好きになった女性がいたんです。小柄で細くって、でも足には筋肉がついていて小鹿みたいな女性でね、微笑みかけられるだけで、世界一自分が幸せだって痺《しび》れるように感じるほど好きだったんです。そんな彼女と付き合い始めて、初めて自分の家に泊まった日の朝、鞄を買いに梅田のデパートに行きたいって言われて。

勿論いいよって返事して、足が地面についてないいんじゃないかって思うほど浮かれて二人で環状線に乗って梅田まで行ったんです。

そして二人並んで歩いてたら、彼女が急に『きゃあああ!』って甲高い声を出して。丁度、阪急百貨店の前辺りで植え込みを指さして『あそこに服を着たミイラが半透明になって見える』とか喚き始めて。

土曜日だったし、人通りも無茶苦茶多くて、振り返る人も多かったし恥ずかしくなって、彼女の手を少し強く引っ張って離れた場所に連れてったんです。

それが気に入らなかったのか、手首を彼女は摩《さす》りながら『痛かった。私のこと変な女と思った?』とか『あなたも信じないんでしょ』とか『酷い』ってずっと言うんです。

自分は彼女のことが好きだったから、謝り続けたんですけど、そうしたら『情けない』

とか『謝ってごまかそうとか、終わらせようと思ってるんでしょ。私が見たものは本当にいたんだから』って言われてしまって。

それから大阪新阪急ホテルのラウンジに行って、お茶をしたけど別れようって告げられたんです。

『あなたの顔を見てたら分かる。私のこと信じてないし、おかしいって思ったでしょ』とか散々言われちゃって。

でも、確かにその通りなんですよ。彼女のことが好きなのは本当で、今も実をいうと未練があるくらいなんですけど、彼女が見たというものについては信じてなかったし、霊感アピる痛い奴って思ってしまっていて。

クラスに一人くらいいたじゃないですか、霊感アピールするちょっと痛い子って。この子は可愛いし大好きやけど、そういうアピールする子なんだなって。

でも後日、ニュースで阪急百貨店うめだ本店前の植え込みから、ミイラ化した男性の遺体が見つかったって知ったんです。

一日の通行人は百万人を超える場所ですよ。それでなんで誰も気が付かないでミイラ化したとか、臭いがしなかったのかとか、彼女だけ、その人やったんかも知れない幽霊を見たんかとか、謎だらけなんですが、ともかくあの時少しでも彼女を信じてやってたら、運命も違っていたかも知れないですよね。

梅田に行くたびに、あの時の彼女の悲鳴と、自分を責め立てたセリフが頭の中で自動再生されるんです。未練があるわけじゃないんですが、あの時のことは後悔はしてますよ。ずっと……」

Tさんはその後「すみません」と言って、泣いているような声をしばらく出していた。彼に彼女ができないのは、モテ期が去ったからではなく、かつての彼女への強い未練のせいなのかも知れない。

それにしても、都会で人知れず亡くなった人を感じる敏感な人がいる話を同じ日に立て続けに聞くとは思わなかった。

怪談は時々連鎖するように、似た話が集まってしまうことがよくある。

あとがき

この本は今まで私が書いてきた作品の中で、一番大変だったかも知れない。

理由は、執筆中にとても親しかった人を続けて亡くし、何もする気が起きず、身動きさえできない期間があったからだ。

酒量も増え、何をしているんだろう。何を自分はやりたいんだ？　と考えふっと時計を見ると、今が何時なのかさえ分からず混乱することさえあった。

死者と共に自分の心の一部も死んでしまったんだなと感じた。

パソコンを立ち上げてじっとただ画面を眺めている、ツイッターの他愛ない書き込みを携帯電話から打ち込むのに数時間かかってしまう……そんな最中に、ぽつぽつと怪談を聞いたり送られて来た作品を読んでいると、気持ちが妙に凪《な》いでいることを発見した。

やがて私は、自分をゆっくりと取り戻し、やっと、やっと文章を書くことができるようになった。

そんなわけで、私を元の場所に戻してくれた怪談に感謝している。

そして、この本を手に取って下さった方、怪談を提供して下さった皆様に心からありがとうと伝えたい。

今回も、前回の『大阪怪談』同様に、民話のようなタイプの話や、ちょっと奇妙な内容の所謂《いわゆる》怖い話とは違うと思われるかも知れないけれど、色んな種類の話を載せることに決めた。

私の体験が他の人に当てはまるかどうかは分からないけれど、世の中には怪談で癒される人もいると思う。今回ページの都合などもあり、掲載できなかった怪談も多くあった。

また次の怪談本で、読者の皆さんとお会いできると嬉しい。

二〇二二年大阪にて　田辺青蛙

参考文献

『大阪人物辞典』三善貞司／編（清文堂出版）
『浪花の勝負師―北浜に華と散った男の生涯』沙羅双樹（グリーンアロー出版社）
『新北浜盛衰記』松永定一（東洋経済新報社）
『またで散りゆく―岩本栄之助と中央公会堂』伊勢田史郎（編集工房ノア）
『大人の大阪本・電子版（エルマガ ｍｏｏｋ）』（京阪神エルマガジン社）
『パンドラの匣』太宰治
『大和川付け替え３００年―その歴史と意義を考える』大和川水系ミュージアムネットワーク／編（雄山閣）
『未解決事件 グリコ・森永事件～捜査員３００人の証言』ＮＨＫスペシャル取材班／編著（文藝春秋）
『大阪・神戸地名小辞典』三省堂編修所／編（三省堂）
「角川日本地名大辞典 27 大阪府」「角川日本地名大辞典」編纂委員会／編（角川書店）
『渡来人のあしあと―大阪の地名をさかのぼる』橋本繁造（松籟社）
『大阪春秋　第62号』（大阪春秋社）
『なにわ大坂をつくった１００人』関西・大阪21世紀協会／編著（澪標）
『大坂堂島米市場 江戸幕府ｖｓ市場経済（講談社現代新書）』高槻泰郎（講談社）
『城下町大坂（大阪大学総合学術博物館叢書）』大阪大学総合学術博物館／監修、大阪歴史博物館／監修（大阪大学出版会）
『おおさか図像学―近世の庶民生活』北川央（東方出版）
『大坂城と大坂の陣―その史実・伝承』北川央（新風書房）

『大坂城　絵で見る日本の城づくり（講談社の創作絵本）』青山邦彦、北川央／監修（講談社）
『上方』（上方郷土研究會）
『大阪火事一乱記 大塩平八郎の乱の記録』寺澤幸文／編（長野電波技術研究所）
「大阪人」5月号（発売日2012年03月16日）特集「行こう大阪の名所いま・むかし」
『新説戦乱の日本史33 赤坂・千早城の戦い（小学館ウィークリーブック）』（小学館）
『楠木正成』新井孝重（吉川弘文館）
『新編日本古典文学全集 54 太平記 1』長谷川端／校注・訳（小学館）
『堺市史第3巻　本編第3』堺市役所／編（堺市役所）
『米朝ばなし　上方落語地図』桂米朝（毎日新聞社）
「俄 ―浪華遊侠伝―」司馬遼太郎（講談社）
〈河内十人斬り事件の資料について①新聞記事②警察関係検挙録…〉レファレンス協同データベース
〈叡福寺 ― 太子廟の七不思議〉Ｗｅｂｌｉｏ辞書
〈日本の幽霊の寿命は４００年⁉証拠に「関ヶ原近辺で目撃される落ち武者の霊が激減」…衝撃のツイートが話題〉川上隆宏（まいどなニュース）
「衝撃事件の核心」産経ニュース　https://www.sankei.com/
『歌舞伎人名事典』野島寿三郎（日外アソシエーツ）
『歌舞伎ハンドブック　第3版』藤田洋／編（三章堂）
『歌舞伎登場人物事典』河竹登志夫／監修、古井戸秀夫／編（白水社）
『歌舞伎名作事典　改訂新版』（演劇出版社）
『堺事件』森鴎外

■初出
「地図から消えた島の話」「銀の翼」（『ダ・ヴィンチ』KADOKAWA）
「寿命」（『小説宝石』光文社）
「通り抜け」（『怪談四十九夜　鬼気』竹書房怪談文庫）
※以上に加筆しています。

大阪怪談　人斬り

2022年6月6日　初版第1刷発行

著者…………田辺青蛙
デザイン・DTP …………荻窪裕司(design clopper)
編集…………Studio DARA

発行人…………後藤明信
発行所…………株式会社 竹書房
〒102-0075　東京都千代田区三番町８－１　三番町東急ビル６F
email：info@takeshobo.co.jp
http：//www.takeshobo.co.jp
印刷所…………中央精版印刷株式会社